중국은 왕훙으로

통한다

KB052076

중국은 왕홍으로 通통한다

임예성 · 이혜진 지음

BOOK STAR

프롤로그

G2로 성장한 중국, 그에 걸맞게 엄청난 속도와 규모로 성장한 14억 명의 내수시장, 그리고 중국의 경제 시장에서 빼놓을 수 없는 핵심 키워드 '왕훙'.

중국에 관심이 있고 중국과 관련된 일을 하는 사람이라면 왕훙이라는 단어를 많이 접했을것이다. 요즘 크고 작은 한국 기업들도 중국 시장으로 진출하기 위한 방법 중 하나로 왕훙이 필요하다는 것쯤은 알고 있을 것이다. 단순히 인터넷 스타 정도의 뜻으로 시작된 왕훙은 현재 '왕훙 경제'라는 신조어를 만들어 낼 정도로 중국 내 경제 시장에서 중요한 역할을 하고 있다. 시장 규모 17조 원의 왕훙 시장은 13조 원의 쇼트 비디오 시장과 2조 원의 MCN 시장과 같은 다양한 사업들을 파생시키며 지속적으로 성장 중이다.

이렇게 현재 중국 경제에 막대한 영향력을 끼치고 있는 왕훙을 우리는 얼마나 이해하고 있을까? 우리가 인터넷으로만 접하던 왕훙은 중국 현지에서 어디까지 영향력을 끼치고 있으며, 실제로 어떠한 경제적 효과를 가져다 줄까? 이 책은 크게 3가지의 섹션 '왕훙과 왕훙 경제', '왕훙 도전기', '쇼트 비디오 플랫폼'으로 나누어서 왕훙에 대하여 자세히 이야기하고 있다.

첫 번째, 왕훙과 왕훙 경제에 대하여 설명한다.

왕훙이란 단어가 처음 등장할 때의 이미지부터 오늘날 우리가 생각하는 경제적 파급력을 가진 왕훙이 있기까지의 발달 과정과 이유, 그리고 중국 유통시장을 이끌고 있는 왕훙 경제는 어떻게 생겨났으며 그 규모와 영향력은 어떠한지에 대하여 설명하였다.

두 번째, 왕훙이 되는 법에 대하여 구체적으로 설명한다.

왕훙에 대하여 연구하다 보니 이러한 왕훙은 어떻게 되는 것인지 궁금해졌고 그 궁금증을 넘어서 우리가 직접 왕훙이 되어 보는 건 어떨까? 하는 생각이 들었다. 그래서 중국의 대표 미디어 플랫폼 중 하나인 콰이쇼우快手에서 실제로 부딪히고 시행착오를 겪으며 현재는 50만 가까운 팔로워를 소유한 왕훙이 되었고, 이러한 스토리를 중국 현지에서도 흥미롭게 여겨 〈차이나 데일리〉를 비롯한 여러 신문사와 언론사에 소개되었다. 도전 과정 속에 겪은 다양한 경험들을 토대로 왕훙이 되기 위한 구체적인 팁을 책에 담았다.

세 번째, 쇼트 비디오 플랫폼에 대하여 설명한다.

이전에 왕훙들의 주 무대는 중국의 대표 SNS인 웨이보微博였지만, 현재 왕훙들은 중국 젊은 소비층을 주도하고 있고 콘텐츠들의 호흡이 짧아 더 많은 이야기를 전할 수 있는 쇼트 비디오 플랫폼으로 모이기 시작했다. 왕훙과 함께 성장한 중국의 쇼트 비디오 플랫폼들은 세계의 미디어 시장에서도 쇼트 비디오 열풍을 불러일으키며 시장을 주도해 나가고 있다. 이러한 쇼트 비디오 플랫폼의 특성과 기존의 SNS를 넘어선 성공 이유, 그리고 쇼트 비디오의 대표주자인 틱톡抖音과 콰이快手를 비롯한 중국의 다양한 쇼트 비디오 플랫폼들에 대하여 설명하였다.

중국에 관심이 있는 분들, 중국이 필요한 한국 기업들, 그리고 중국이라는 큰 땅에서 직접 왕훙이 되어 보고 싶은 한국 친구들에게 이 책이 중국과 왕훙을 알아가고 이해하는 데 조금이나마 도움이 되었으면 좋겠다.

01

왕홍 [网络红人]
중국의 인터넷 스타

02

왕홍은 왜,
그리고 어떻게 성장했나

05

세계 시장을 이끄는 중국의
쇼트 비디오 플랫폼 비교 분석

06

마치며

1

왕훙 [网络红人]
중국의 인터넷 스타

왕홍이란 무엇일까. 왕홍网红은 왕뤄홍런网络红人의 준말로 직역하면 인터넷 스타란 뜻이다. 처음 왕홍이란 단어가 생겨났을 때에는 우리가 지금 '왕홍!' 하면 떠올리는 이미지와는 사뭇 다른 느낌이었다. 그저 인터넷에서 유명해진 사람을 왕홍이라 불렀었다. 왕홍이란 단어의 처음 이미지와 중국과 아시아 유통 경제에서 가장 중요하게 생각되는 오늘날의 왕홍에 대하여 자세히 알아보자.

1
왕홍이란 단어의 처음 이미지

왕홍이란 단어는 인터넷을 뜻하는 왕뤄网络와 유명인을 뜻하는 홍런红人의 합성어인 왕뤄홍런网络红人의 준말이다. 중국 내에서 2000년대 이후 왕홍이란 단어를 처음 사용하기 시작했을 때에는 그저 '인터넷에서 유명해진 사람' 정도의 뜻이였다. 현재의 왕홍 경제란 말까지 출현시킨 왕홍의 이미지와는 사뭇 다른 느낌이었다고 할 수 있다.

2010년 한국에서 밀크티를 들고 있는 칭화대 여학생 사진이 화제가 된 적이 있다. 우리가 일반적으로 생각하는 중국인의 느낌과는 다른, 명문대에 재학 중인 어여쁜 여학생의 사진이었다. 우리가 생각하는 중국인의 이미지와 다른 이 학생의 사진은 '중국 명문대 밀크티녀'라는 제목으로 한국 인터넷상에서 먼저 유명해졌고, 곧 이 소문이 중국에 역으로 퍼지게 되었다. 중국 내 인터넷에서 밀크티녀를 모르는 사람이 없을 만큼 밀크티녀는 한국에서보다 더 큰 파장을 일으키며 중국 인터넷상에서도 유명인이 되었다. 한국인이 좋아하는 중국인이라는 이미지를 가지고 말이다.

▶ 밀크티를 들고 있는 예전 사진과 유명 왕홍이 된 '나이차 메이메이'(奶茶妹妹) (출처-baidu)

밀크티녀를 현재 중국의 검색 포털 바이두百度에 '중국 명문대 밀크티녀' 검색하면 이제는 유명인으로 인물 소개가 나와 있고, 그 프로필에는 왕홍网络红人으로 소개되어 있다.

필자가 칭화대 재학 시절, 밀크티녀와 한 학번 차이였기 때문에 학교 도서관에서 종종 마주치곤 했다. 밀크티녀가 지나가기만 해도 주변 학생들은 "나이차 메이메이奶茶妹妹"라며 수군수군대고, 중국인 친구들은 나에게 한국인들이 밀크티녀의 어느 부분을 그렇게 좋아하는 거냐며 묻곤 했다. 이 여학생은 우연히 찍힌 사진 한 장으로 인터넷에서 유명해진 사람, 즉 왕홍이란 단어의 초창기 이미지의 왕홍이 된 것이다.

2
왕훙 경제를 만든 오늘날의 왕훙

　칭화대 밀크티녀처럼 유명 블로거로서 그저 인터넷에서 유명해진 사람을 왕훙이라 불렀던 처음과 달리 왕훙의 이미지는 시간이 지날수록 빠른 속도로 변하기 시작했다. 현재 우리가 알고 있고 생각하는 왕훙은 그저 유명인 정도가 아니라 소셜 미디어에서 활동하고 있는 많은 팔로워를 지닌 인터넷 스타이다. 이러한 왕훙들은 예술, 패션, 게임, 운동, 미식 등의 다양한 분야에서 활동하고 있다. 자신만의 특색 있는 분야를 콘텐츠화하여 영상을 업로드를 하고, 자신이 활동하는 플랫폼 안에서 라이브 방송을 하며 팔로워들과 가깝게 소통한다. 수백만, 수천만의 팔로워를 지닌 왕훙들은 텔레비전에도 출연하고, 노래 앨범을 제작하여 발매하기도 하고, 수만 명이 모이는 팬 미팅을 진행하기도 한다.

　어쩌면 연예인처럼 보일 수도 있는 이들에게 연예인과 가장 큰 차이점이 있다면 그것은 가까운 소통 방식이다. 일반적으로 연예인은 드라마나 영화같이 기간이 정해진 작품에 나오기 때문에 팬이나 시청자의 참여가 일방적 시청에서 끝난다. 하지만 왕훙은 생방송으로 방송을 진행하기 때문에 왕훙의 방송을 시청하는 모든 사람과 같은 시간대에 소통이 가능하다는 차이점을 가지고 있다. 이러한 가까운 소통 방식을 통해 팔로워들은 소속감을 가지게 되고 자신이 팔로우하는 왕훙에 대한 신뢰도는 높아지게 된다. 이렇게 왕훙들은 어쩌면 연예인보다 더 영향력 있는 유명인이 되어간 것이다.

오늘날의 왕훙들은 이렇게 자신들이 가진 영향력, 팬들의 높은 신뢰도를 바탕으로 빠르게 유통시장과 연결되었다. 그저 인터넷 스타였던 왕훙들이 인터넷을 통한 유통, 즉 소셜커머스를 진행하며 중국의 유통시장 그리고 광고시장에 엄청난 파장을 일으키고 있다.

3

'왕홍 라이센스' 어디서 받을 수 있을까?

그렇다면 이러한 왕홍이라는 타이틀, 왕홍 라이센스는 어떻게 취득하는 것일까? 어디서, 누가 정해 주는 것일까? 왕홍에 관심이 많은 사람들이 가장 많이 궁금해 하는 것이기도 하다. 왕홍 라이센스는 그 누구도 정해 주지 않는다. 그렇다고 스스로 '나 오늘부터 소셜미디어SNS 하니까 왕홍이야!'라고 쉽게 정할 수도 없다.

기준으로 정해진 팔로워 수는 없지만, 통상적으로 50만 명 이상의 팔로워를 가지고 있을 때 왕홍이란 단어를 사용하고 있다. 하지만 혹 팔로워가 20만 명뿐이더라도 견고한 팬층을 확보하고 있고, 영향력이 있어서 커머스로 연결할 능력이 있다면 우리는 그 사람을 왕홍이라 부른다. 즉 왕홍은 수십만 명 이상의 팔로워와 그 팔로워 수에 달하는 영향력, 소셜미디어에서 소셜커머스까지의 연결 능력을 필요로 한다. 팔로워 수에 달하는 영향력이 필요한 이유는 요즘 들어 중국 내에 소셜미디어 사설 업체들이 엄청나게 늘어났기 때문이다.

소셜미디어 사설 업체들이 주로 하는 일은 돈을 받고 가짜 팔로워들을 늘려 주는 일을 한다. 한국에서 소셜미디어를 하는 사람이라면 한 번 정도는 인스타그램이나 페이스북 팔로워 늘려 준다는 광고를 본 적이 있을 것이다. 이같이 중국 내 소셜미디어 사설 업체들은 돈을 받고 가짜 팔로워들을 늘려 주고 또 게시물의 조회 수를 늘려 주기도 한다. 심지어 댓글까지도 원하는 수만큼 가짜 댓글을 달 수도 있다. 예를 들어 만약 누군가 사설 업체를 통하여 자신의 소셜 미디어 계정을 50만 명의 가짜 팔로워가 있는 페이지로 만들었다고 가정해 보자. 그 사람을 우리는 왕훙이라 부를 수 있을까? 전혀 그렇지 않다. 그 사람이 업체를 통하지 않고 새로 업로드하는 게시물들은 팔로워가 50만 명이나 있는 것이 무색할 만큼 낮은 조회 수를 기록할 것이고 영상 하나당 영향력 또한 아주 미미할 것이다. 이렇게 가짜 팔로워 50만 명인 계정을 가지고 기업이나 유통업체에 광고 계약을 하려 한다면 중국 회사들이 바보가 아닌 이상 계약이 성사되는 일은 없을 것이다.

하지만 가끔 중국 진출을 꿈꾸는 외국 기업이나 한국의 중소기업들이 이러한 가짜 팔로워만 가지고 있는 왕훙 회사들과 광고 계약을 하여서 제대로 된 광고 효과를 얻지 못하는 경우가 있다. 이러한 상황들 때문에 왕훙을 활용한 광고, 판매를 하고 싶어 하는 기업들은 왕훙이 현재 가지고 있는 팔로워 수에 달하는 영향력을 가지고 있는지를 확인하여야 한다. 가짜로 만든 팔로워가 아닌 본인이 처음부터 늘려나간 팔로워가 있다면 분명 팔로워 수 만큼의 영향력이 있을 것이고, 영향력 있는 소셜미디어의 왕훙은 자신에게 맞는 커머스를 진행하여 큰 홍보 효과를 가져다 줄 수 있을 것이다.

이러한 소셜미디어에서의 영향력과 커머스 연결의 능력을 지닌 사람들이야 말로 중국에서 왕홍이란 타이틀을 얻게 된다.

4

닮은 듯 다른 왕홍과 유튜버

왕홍들은 무엇을 할까? 왕홍은 확실히 한국의 크리에이터와는 사뭇 다른 느낌이다. 우리가 크리에이터 하면 가장 먼저 생각되는 '유튜버'와 비교해 보자. 최근 들어 우리나라에 다양한 분야의 유튜버들이 많아지고 있다. 우리나라의 먹방은 이미 'eating show'가 아닌 'MukBang'이라는 고유어를 만들 정도로 세계적 인기를 끌고 있고, 그 외에도 게임, 댄스, 메이크업, 육아, 여행 등 정말 다양한 분야에서 유튜버가 생겼다. 어느 정도 인기가 있는 유튜버들은 각 채널만의 색깔을 명확하게 하여 그 색에서 벗어나지 않기 위해 노력한다.

먹방을 콘텐츠로 하는 유튜버는 꾸준히 음식을 먹거나 음식에 관련한 콘텐츠를 업로드하고, 메이크업 유튜버는 다양한 메이크업 방법을 알려 주고 또 높은 수준의 분장을 하기도 한다. 여행 유튜버는 꾸준히 다양한 나라의 다양한 지역을 다니며 영상을 찍고 정보를 제공한다. 그리고 유튜버들은 동시에 중간중간 광고 의뢰를 받은 제품, 상품을 자연스럽게 노출시킨다. 조회 수로만 충분한 수익이 나는 유튜버들을 제외하고 많은 유튜버의 영상에는 간접 광고가 포함되어 있다. 그래서 이러한 간접 광고가 포함되어 있다는 사실을 영상에 알리는 유튜버도 있고, 드라마의 PPL처럼 광고라는 사실을 알리지 않고 자연스럽게 노출시키는 경우도 있다. 하지만 본인 채널의 영상에서 광고를 직접적이고 노골적으로 광고하는 유튜버는 드물다. 만약 크리에이터가 자신의 영상에 누가 봐도 광고를 부탁받은 것 같은 제품을 소개하고, 그 제품의 가격을 비롯하여 구매할 수 있는 링크까지 첨부해 놓는다면 시청자의 입장인 팔로워들은 이러한 직접 광고를 강매당하는 느낌이 들어 불편해할 것이다.

하지만 왕홍과 중국 팔로워들은 다르다. 특히 광고의 방법적인 부분이 중국의 왕홍과 유튜버의 가장 큰 차이점이다. 왕홍의 광고 방법은 자연스럽게 제품이 노출되고 홍보되는 간접 광고보단 제품 판매의 목적이 명확히 드러나 있는 우리나라의 홈쇼핑과 오히려 가까울 수 있다. 왕홍은 본인이 홍보하고자 하는 제품을 직접 사용하면서 제품의 외관, 성능, 그리고 구매 가격과 증정품 등을 정말 디테일하게 소개한다. 그리고 단순히 제품의 자세한 소개로 끝나는 것이 아니라 영상을 보는 중에 클릭 한두 번만으로 자신의 채널에 연결되어 있는 마켓을 통해서 바로 구매가 가능하도록 되어 있다.

▶ 도우인(抖音)의 왕홍 베이베이투(呗呗兔)의 화장품 콘텐츠

　위의 사진 중 왼쪽 사진을 보면 왼쪽 하단에 노란색 장바구니 표시가 있는 것을 볼 수 있다. 그리고 영상 중간에 그것을 클릭하면 오른쪽 사진처럼 바로 구매가 가능하도록 되어 있다. 중국의 미디어 플랫폼들은 커머스의 연결 접근성이 편리하게 개발되어 있으며, 중국의 왕홍들은 이러한 플랫폼을 이용하여 왕홍의 큰 역할 중 하나인 제품 홍보를 직접 광고로 한다. 중국의 팔로워들은 더 자세한 제품 설명을 원하고 왕홍들은 요구에 맞춰 제대로 된 광고로 커머스를 진행하는 것이 왕홍과 유튜버의 가장 큰 차이점이다.

1장. 왕홍 [网络红人] 직역하여 인터넷스타

5
중국의 대표 왕홍들

　중국의 미디어 플랫폼 이용자 수는 6억 명이 넘는다. 그리고 플랫폼들의 특성상 그 6억 명은 누구나 원하기만 하면 방송을 내보내는 주체가 될 수 있다. 그만큼 중국에는 수많은 왕홍들이 있고 지금도 계속 생겨나는 중이다. 그래서 지금 중국의 미디어 시장을 '100만 왕홍 시대'라고 말하고 있다. 추정치에 따라서 현재 왕홍 직업군에 속한 사람을 100만 명에서 많게는 1,000만 명까지 추산하고 있다. 이렇게 많은 왕홍들 중 자타 공인 중국을 대표할만한 왕홍들이 존재한다. 생방송 한 번에 수백만 명이 접속하고 몇 시간 만에 수백억 원을 움직이게 하는 이들을 '움직이는 대기업'이라 부르기도 한다.

1. 파피장

활동명	파피장 papi酱
팔로워 수	3,000만 명 이상
콘텐츠	유머, 일상생활

1장. 왕홍 [网络红人] 직역하여 인터넷스타

파피장은 중국인들 사이에서도 이견이 없는 중국의 대표 왕홍이다. 외국에서도 파피장의 이름을 왕홍으로 알고 있는 사람들이 있을 정도로 중국 왕홍의 대명사이다. 파피장은 일주일에 한 편씩 꾸준히 평범한 이야기를 재미있게 다뤄서 업로드하고 있다. 직장 이야기, 가정사, 연애사 등 일상생활에서 우리가 쉽게 접하고 충분히 공감할 수 있는 평범한 이야기를 파피장만의 방법으로 웃음을 주며 풀어낸다. 혼자서 독백으로 말을 하기도 하고 1인 다역으로 연기를 하기도 한다. 파피장은 또 대부분의 영상에서 과하지 않은 화장과 꾸밈없는 편한 모습으로 연기를 하기 때문에 팬들은 파피장을 친한 옆집 언니, 누나처럼 생각한다.

2015년에 시작된 파피장의 인기는 4년이 지난 아직도 건재하다. 1,000만 팔로워를 1년 만에 돌파했고, 현재 3,000만 명이 넘는 거대한 팔로워를 가지고 있다. 왕홍 최초로 개인의 가치를 인정받으며 1,200만 위안_{한화 20억 원}의 투자를 받기도 했고, 자신의 콘텐츠 속에 들어갈 광고상품을 경매에 부쳐 2,200만 위안_{한화 37억 원}에 낙찰시키며 화제가 되기도 했다. 현재 'Papitube'라는 MCN 회사도 운영 중이며 중국 플랫폼들과 유튜브까지 소속 왕홍들을 진출시키고 있다. 'Papitube'는 중국 왕홍들의 콘텐츠는 중국인에게만 이해도가 높은 것들이 많아 세계적으로 통하지 않을 것이란 통념을 깨며 유튜브에서도 각 채널마다 수백만의 구독자 수를 돌파했고, 각 영상마다 수백만~수천만 뷰를 기록하며 계속 도전 중이다.

2. 펑티모

활동명	펑티모 冯提莫
팔로워 수	3,000만 명 이상
콘텐츠	노래

우리나라에서 왕홍이란 단어를 파피장과 함께 접한 사람도 많겠지만, 10대 20대 젊은 층들은 펑티모란 이름과 함께 왕홍을 처음 접했을 것이다. 유튜브에서 펑티모가 라이브 방송 중 부른 '고양이 소리를 내보자'란 노래가 선풍적 인기를 끌었기 때문이다. 중국 현지에서도 역시 펑티모는 거대한 팬덤과 함께 중국의 인기 왕홍으로 활동 중이다. 중국의 보통 연예인들보다도 훨씬 많은 3,000만 명의 팔로워를 가지고 있을 뿐 아니라 팬들의 충성도가 상당히 높아 펑티모는 수만 명이 모이는 팬 미팅을 하기도 하고, 음원을 발매하며 가수들이 출연하는 텔레비전 예능 프로에도 출연하고 있다. 중국에서 연예인보다도 더 연예인 같은 활동을 하고 있다.

　한국에서는 '100억 BJ 펑티모'라고 알려지기도 했다. 한국에서 펑티모의 1년 수입이 100억이라는 기사가 났기 때문이다. 이 기사는 '한국에서 100억 BJ로 알려진 펑티모'란 제목과 함께 역으로 중국에서 다시 퍼지며 펑티모의 위상을 한 번 더 높였다. 실제로는 생방송 중 본인이 직접 1년에 4,000만 위안_{한화 68억 원} 정도를 번다고 밝혔다.

3. 리지아치

활동명	리지아치 李佳琦 Austin
팔로워 수	2,100만 명 이상
콘텐츠	뷰티

　　　　　　　　　　　　　1장. 왕훙 [网络红人] 직역하여 인터넷스타

중국인 친구에게 리지아치의 사진을 보여 준다면 바로 "OMG" oh my god! 라고 말할 것이다. 리지아치는 2,100만 명의 팔로워를 보유하고 있는 뷰티 왕홍이다. 리지아치는 특이하게 한 종류의 화장품만을 리뷰하고 있다. 리지아치의 수많은 영상 중 90% 정도의 영상은 전부 립 제품 리뷰이다. 정말 전 세계 유명한 립 제품들은 다 다뤘을 것이다. 남자이지만 립 제품을 직접 본인에 입술에 바르며 리뷰를 하고, 그러다 마음에 드는 색이 나왔을 때 늘 큰소리로 "Oh my god!"이라고 외친다.

젊은 여성 팬을 많이 보유하고 있고 그들에게 직접적으로 필요한 뷰티 제품을 소개하고 판매까지 하면서 큰 인기를 얻음과 동시에 큰 수익을 내고 있다. 한 번의 생방송에서 353만 위안 한화 6억 원 어치를 판매하였고, 1분에 1만 4,000개의 립 제품을 판매할 만큼 남자임에도 불구하고 여성 화장품 시장에서 큰 영향력을 가지고 있다.

4. 따웨이왕 미즈쥔

활동명	따웨이왕 미즈쥔 大胃王密子君
팔로워 수	1,000만 명 이상
콘텐츠	먹방

1장. 왕훙 [网络红人] 직역하여 인터넷스타

한국 먹방의 인기는 중국으로도 이어졌다. 중국에서는 먹방을 말 그대로 먹는 방송의 뜻인 츠보吃播라고 한다. 따웨이왕 미즈쥔은 미디어 플랫폼들의 팔로워를 합치면 2,000만 명이 넘는 중국의 대표 츠보吃播 왕홍이다. 활동명을 보면 앞에 따웨이왕大胃王, 즉 큰 위를 가졌단 뜻이다. 작은 체구를 가지고 있지만 방송 때마다 어마어마한 양의 음식을 섭취하는 그녀를 보며 중국인들은 신기함과 동시에 대리 만족을 느낀다. 너무 많은 양을 먹다 보니 그녀의 건강을 걱정하는 사람들에게 본인이 직접 "많은 음식을 먹는 것은 본인에게는 스트레스가 되지 않는다."라고 말했다.

영상마다 대단한 영향력이 있는 그녀는 영상을 업로드할 때마다 먹는 음식들이 불티나게 판매가 되고 있고, 본인이 직접 타오바오 몰을 개설하며 음식 관련한 다양한 제품들을 판매하며 큰 수익을 내고 있다. 지금은 중국의 대표 왕홍이지만 그녀가 첫 등장부터 바로 인기를 끈 것은 아니었다. 2016년 첫 방송을 시작하여 꾸준히 방송을 하던 중 한국의 불닭볶음면 10봉지를 16분 20초 만에 먹는 영상이 화제가 되었고, 수십만 팔로워가 생기며 스타덤에 올랐다. 이후에 타오바오의 탄펑谈鹏과 함께 회사를 차린 뒤 왕성하게 활동 중이다. 최근에는 쇼트 비디오 시장으로 진출하여 더 많은 인기를 끌고 있다.

5. 웨이야

활동명	웨이야 薇娅 Viya
팔로워 수	500만 명 이상
콘텐츠	제품 리뷰

웨이야薇娅는 타오바오 라이브 방송의 기록을 가지고 있는 왕홍이다. 2018년 11월 11일 중국의 블랙 프라이데이라 할 수 있는 이날, 단 2시간의 방송 동안 2억 6,700만 위안한화 454억 원의 판매액을 돌파했고, 방송이 종료되었을 때 총 3억 위안한화 510억 원이 넘는 판매액을 기록하였다. 라이브 방송마다 수백만 명이 들어오기 때문에 한 번 방송에 보통 수십만 개에 달하는 제품이 판매된다.

이러한 웨이야의 파급력은 한국에도 알려져서 한국 기업들과도 활발하게 협업을 하고 있고, 한국 화장품을 소개하는 본인의 방송에서 1초당 평균 2만 개의 제품을 판매하기도 하였다. 웨이야는 본인을 '품질 보증인'이라고 표현하며 직접 사용해 보지 않은 제품은 추천하지 않기 때문에 이러한 웨이야를 중국인들은 신뢰하고, 웨이야의 방송에서 추천된 제품은 곧바로 매진으로 이어진다.

2

왕홍은 왜,
그리고 어떻게
성장했나

중국 경제에서 왕훙의 성장은 단순히 한두 가지의 이유로 설명될 수 없다. 중국인의 가치관, 문화적, 경제적 등 다양한 방면으로 설명되어야 한다. 외국 소셜 미디어 SNS 차단, 고속 경제 성장, 중국인들의 소비 성향 등을 분석함으로써 '왕훙 경제'란 신조어까지 등장시킨 왕훙의 성장 배경과 이유를 구체적으로 살펴보자.

1
'TV 시대'에서 '핸드폰 시대'로의 변화

중국이 TV 시대에서 핸드폰 시대로 변화한 이유는 무엇일까? 몇 가지 이유로 답할 수 있다. 먼저 스마트폰의 보급률 증가이다. 미국 퓨 리서치 센터 PEW research center 의 보고서에 따르면, 2018년 중국의 핸드폰 보급률은 98%, 스마트폰 보급률은 68%로 나타났다. 스마트폰 보급률 94%로 세계 1위인 우리나라와 비교했을 때에 68%는 꽤나 적어 보이는 수치일 수 있지만, 14억 중국 인구의 퍼센트로 계산해 봤을 때 68%는 10억 명에 가까운 엄청난 이용자 수임을 알 수 있다.

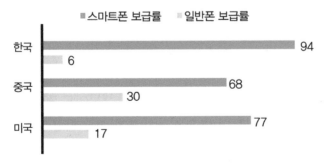

핸드폰 보급율

▶ 세계 스마트폰, 일반폰 보급률 (출처-PEW research center)

중국의 스마트폰 보급률은 매년 빠른 속도로 증가하고 있다. 그뿐만 아니라 중국산 스마트폰 시장 역시 빠른 속도로 커져 가고 있다. 몇 년 전까지만 하더라도 아이폰과 삼성 갤럭시가 중국 스마트폰 시장을 양분하고 있었다. 하지만 중국의 화웨이华为, 오포oppo, 비보 vivo, 샤오미小米 같은 회사가 저렴하고 성능이 좋은 스마트폰을 출시하자 중국인들은 자국 폰을 사용하기 시작하였다.

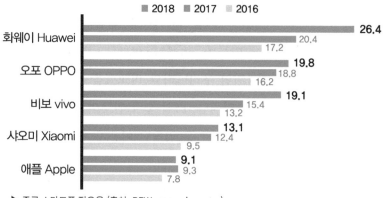

▶ 중국 스마트폰 점유율 (출처- PEW research center)

중국에서 살다 보면 한국인을 제외하고서 삼성의 스마트폰을 사용하는 사람을 찾아보기 어렵다. 그리고 도시에 사는 젊은이들은 애플의 스마트폰을 사용하고 있고, 중국인 대다수는 중국산 스마트폰을 사용한다. 스마트폰 내수 시장의 빠른 성장에 힘 입어 중국 스마트폰 회사들은 더 좋은 성능의 스마트폰을 만들어 내고 있고, 더욱 다양한 사업 분야로 회사를 키워가고 있다.

2015년부터 현재까지 중국 스마트폰 시장 점유율 1위 기업인 화웨이는 현재 세계 최대의 통신 장비 제조업체가 되었다. 초창기 애플을 모방한 듯한 디자인으로 많은 비난도 받았지만 지금은 하드웨어, 소프트웨어 모두 훌륭한 스마트폰 회사가 되었고, 저가격 고성능 정책으로 내수 시장뿐 아니라 세계 무대에도 큰 성과를 얻고 있다. 또한, 화웨이는 5G의 핵심 기술로 꼽히는 '폴라코드' 분야에서는 전 세계 특허의 49.5%를 점유한 세계적 기업으로 성장하였다. 이렇게 화웨이, 오포, 비보, 샤오미 회사들의 성장과 함께 중국인들의 스마트폰 보급률도 증가하였고, 단순 통화 기능만 있던 핸드폰이 스마트폰으로 바뀌자 중국인들에게 가장 먼저 멀어진 가전제품은 TV였다.

실제로 요즘 스마트폰만을 사용하는 중국의 젊은 부부들, 직장인들, 필수적으로 4인 1실 기숙사에서 생활해야만 하는 대학생들은 TV를 사치품에 불과하다고 생각한다. 그리고 중국인들이 핸드폰으로 TV의 기능을 대신하게 되자 중국판 넷플릭스인 아이치이爱奇艺, 요우쿠优酷와 같은 동영상 스트리밍 기업이 생겨나기 시작했다. 이러한 기업들은 단순히 인스타그램이나 유튜브 같은 영상 업로드 플랫폼이 아닌, 정식적인 인터넷 방송국의 모습을 추구하였다. 실제로 아이치이爱奇艺에서는 아이치이 방송국에서 정규 편성된 드라마, 예능을 내보낸다. 이미 지상파 방송국에서 종영되었거나, 방영 중인 작품을 동시에 업로드할 뿐만 아니라 오로지 아이치이爱奇艺 인터넷 방송국에서만 방영하는 작품을 내보내기도 한다. 그 때문에 현재 스마트폰을 사용하고 있는 중국인들은 이러한 플랫폼들을 하나의 방송국으로 인식하며 드라마, 예능, 영상 시청을 스마트폰을 통해 소비하고 있다.

2
동영상 플랫폼에 대한 사회적 인식 (feat.연예인)

　한국은 최근 들어 인터넷 방송에 대한 인식이 조금씩 바뀌고 있지만 여전히 인터넷 방송, 크리에이터에 대한 좋지 않은 시선들이 존재한다. 중국은 어떠할까? 같은 유교사상을 가지고 있는 중국이지만 이 부분에서는 조금 다른 반응을 보이고 있다. 그 이유를 중국 최대 영상 플랫폼 중 하나인 도우인抖音, 한국에는 'TikTok'이란 이름으로 알려져 있다을 예로 들어 살펴보자.

　뒤에서 더 자세히 다루겠지만 도우인抖音은 이용자가 15초에서 최대 60초까지 쇼트 비디오를 업로드하고 또 동시에 라이브 방송 서비스인 즈보直播 기능이 있어 생방송도 가능한 플랫폼이다. 한국으로 따지면 인스타그램과 아프리카TV를 합친 느낌이라 볼 수 있겠다. 여기서 중국의 큰 특이점은 유명인들과 연예인들의 앱 참여도이다. 중국 연예계에서도 정상급 출연료를 받는 안젤라 베이비 역시 도우인抖音 이용자 중 한 명이다. 안젤라 베이비는 자신의 계정에서 다른 도우인抖音 이용자들과 같이 앱 내 기능만을 이용하여 쇼트 비디오를 촬영하여 업로드한다. 연예인이라 제작진이 카메라로 촬영하여 전문적 편집을 하는 것이 아니라 그저 다른 도우인抖音 이용자들과 별반 다르지 않은 영상을 업로드한다.

▶ 도우인(抖音)의 앱 기능으로 촬영을 하여 업로드하는 안젤라 베이비와 장슈잉의 틱톡 계정

　　다른 연예인들, 유명인들도 마찬가지로 자유롭게 쇼트 비디오를 업로드하거나, 라이브 방송으로 소셜 미디어를 활용하고 있다. 이처럼 많은 유명인과 연예인들도 이용하고 참여하는 애플리케이션이 되다 보니 같은 도우인抖音 이용자들은 이 영상 플랫폼이 2류 혹은 비주류란 느낌을 받지 않는다. 이러한 영상 플랫폼에 대한 인식은 곧바로 댓글 문화와 직결된다. 왕홍이나 일반 중국인들이 공통적으로 하는 말은 댓글 문화가 꽤나 깨끗하다는 것이다. 동영상 플랫폼 자체를 무시하거나 하등하게 여기지 않기 때문에 이 플랫폼 방송국에서 나오는 동영상에는 무차별적인 악성 댓글이 달리지 않

　　　　　　　　　　　　　　　2장. 왕홍은 왜, 그리고 어떻게 성장했나

는다. 또한, 전체 이용가인 플랫폼에서 댓글과 콘텐츠 관련 규제를
엄격히 하여 상대방에 대한 공격, 나라에 대한 심한 비판, 사행성 도
박, 심한 노출 등을 철저하게 검열한다. 연예인들과 유명인들의 많
은 참여, 확실히 검열되는 콘텐츠, 댓글 문화로 인해 중국인들은 동
영상 플랫폼을 또다른 형태의 방송국으로 인식하고 있다.

3
데이터 무제한 시대의 도래

　중국에서 데이터 용량에 따른 핸드폰 인터넷 비용은 스마트폰이 출시된 초창기에 가장 비쌌다고 할 수 있다. 현재는 매년 스마트폰 데이터 요금이 저렴해지고 있다. 물리적 금액의 변화보다는 같은 금액을 내고 사용할 수 있는 인터넷 데이터 용량이 크게 변하였다. 2019년 현재 중국의 이동통신회사인 차이나유니콤^{中国联通}에서는 한 달에 99위안^{한화 17,000원} 정도의 핸드폰 요금을 내면 100기가의 데이터를 사용할 수 있다. 심지어 경쟁사인 차이나텔레콤^{中国电信}은 39위안^{한화 7,000원}에 100기가의 데이터를 제공하기도 한다.

▶ 차이나유니콤(中国联通)과 차이나텔레콤(中国电信)의 핸드폰 요금제 (출처-baidu)

100기가의 데이터를 한 달에 다 사용하는 것도 쉽진 않겠지만, 혹 다 사용하더라도 인터넷이 끊어지는것이 아니라 4G로 바뀌어서 계속 사용이 가능하다. 사실상 데이터 무제한이나 마찬가지이다. 중국인들의 핸드폰 사용량과 스마트폰 보급률이 급속도로 높아지자 중국 이동통신 대표 회사인 차이나유니콤中国联通, 차이나모바일中国移动, 차이나텔레콤中国电信은 서둘러 인터넷 요금을 낮추고 싼값에 데이터를 제공하기 시작했다. 심지어 이러한 요금제를 이용하지 못하는 사람들을 위하여 각 애플리케이션에서는 신기한 정책을 내놓았다. 위챗, 틱톡 같은 메신저 애플리케이션, 동영상 애플리케이션에서는 앱 전용 인터넷 정액권을 결제하면, 자신의 핸드폰 요금제와 상관없이 핸드폰 인터넷 요금을 다 사용했더라도 앱에서 제공하는 서비스업로드, 시청들을 무제한으로 사용할 수 있다. 이렇게 싼 값에 데이터를 마음껏 사용할 수 있게 되자 사람들은 하루의 한가한 시간 대부분을 핸드폰을 하며 보내기 시작했다.

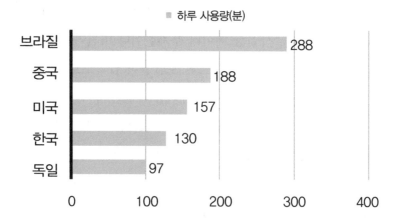

세계 각국의 1일 스마트폰 사용시간

■ 하루 사용량(분)

브라질	288
중국	188
미국	157
한국	130
독일	97

0   100   200   300   400

▶세계 각국의 1일 스마트폰 사용 시간 (출처-Business Insider)

2018년 기준으로 중국은 전 세계에서 브라질 다음으로 하루중 스마트폰 사용 시간이 많은 나라가 되었다. 183분, 중국인들이 평균적으로 하루에 스마트폰을 사용하는 시간은 3시간이다. 하루 중 3시간 동안 핸드폰으로 다양한 것을 하지만, 그중에서 가장 많이 사용하는 기능은 역시 미디어 플랫폼이다. 중국에 살면서 출퇴근할 때 지하철에서, 횡단보도를 기다리며, 쉬고 있는 아르바이트생들을 보면 사람들이 핸드폰으로 영상 콘텐츠 또는 라이브 방송을 보고 있는 모습을 쉽게 볼 수 있다. 이들은 충분한 데이터로 장소나 와이파이에 구애받지 않고 핸드폰으로 영상을 본다. 사실상 중국에 데이터 무제한의 시대가 도래했다고 할 수 있다.

4
해외 주요 SNS의 차단

　왕훙이란 직업이 발달하게 된 요인 중 하나는 왕훙들이 활동할 수 있는 다양한 플랫폼들의 성장을 꼽을 수 있다. 그리고 이러한 중국의 플랫폼들의 성장 배경에는 외국 주요 소셜 미디어SNS의 차단 시스템인 'Great fire wall of china', '만리방화벽'이 숨어 있다. 중국정부는 중국 내수 기업을 성장시킴과 동시에 언론을 통한 여론을 통제하기 위하여 이러한 정책을 펼친다. 만리방화벽Great fire wall of china은 다양한 관점에서 해석될 수 있지만, 이 책에서는 이 정책으로 인해 발생된 중국의 소셜 미디어 시장의 성장에 집중하려 한다.

　중국의 국가 정책인 만리방화벽Great fire wall of china은 이용자가 많은 외국의 소셜 미디어를 중국 내에서 사용할 수 없도록 차단한다. 차단된 대표적 사이트나 애플리케이션으로는 구글, 유튜브, 트위터, 페이스북, 인스타그램 등이 있고 최근 들어 한국의 카카오톡, 네이버 블로그, 다음 블로그 역시 차단되어 있다. 중국에서 유튜브, 페이스북이 차단된 지는 벌써 10년이 되었다. 그렇다면 중국인들은 원래 유튜브나 페이스북 같은 소셜 미디어에 관심이 없었던 것일까? 그것은 아니다. 페이스북과 인스타그램이 처음 등장했을 때 중국의 젊은이들은 외국의 소셜 미디어 플랫폼들을 사용하였다. 하지만 사용한 지 몇 달도 되지 않아 중국 내 이용이 막혀 버렸기 때문에 이러한 소셜 미디어의 수요를 채워 줄 무언가가 필요하였다.

외국 소셜 미디어들의 차단으로 가장 큰 수혜를 입은 회사들은 다름아닌 미디어 플랫폼 회사들이었다. 외국 인터넷 기업들의 차단으로 중국 내수 시장이 확보된 바이두와 텐센트 등 아이티, 미디어 기업들은 더욱 단단히 입지를 굳혔다. 그리고 중국 기업들은 이러한 상황을 이용하여 중국으로 진출할 수 없는 외국에서 이미 자리 잡은 유명한, 유행하는 애플리케이션을 그대로 모방하여 중국판으로 출시하기도 했다. 이같은 방법으로는 페이스북을 거의 똑같이 모방한 런런人人网이 대표적이다.

▶ 페이스북을 똑같이 따라한 초창기 런런(人人网)의 화면

실제로 런런의 CEO는 '중국에서 외국 구글, 페이스북에 접근할 수 없기 때문에 미국의 서비스를 그대로 베껴도 문제가 없다'라고 말한 바 있다. 2010년도부터 중국 내에는 이와 같은 베끼기식의 창업이 주를 이뤘지만 모방은 창조의 어머니란 말처럼 중국은 금방 모방이 아닌 중국인들에 가장 적합한 플랫폼을 만들어 내기 시작했다.

5
중국인들의 의심 많은 소비문화

　중국은 14억 인구가 사는 참 큰 나라이다. 많은 사람이 사는 만큼 다양한 사람이 살고 있으며, 좋은 사람도 나쁜 사람도 많다. 이들의 소비 형태는 이들의 환경과 밀접하게 관련하여 발달하여 왔다.

　중국 생활을 하며 한국과 크게 다른 점을 느낀 것 중 하나는 대부분의 결제가 '선지급'이라는 것이다. 수도세, 전기세, 핸드폰 비용, 가스비 등 일상생활에 사용되는 대부분의 공과금은 충전식이다. 사용할 만큼 돈을 먼저 충전하고 충전된 금액을 모두 사용하면 전기, 인터넷 등이 바로 끊어진다. 음식점을 가도 마찬가지이다. 고급 레스토랑을 가지 않는 이상, 일반 중국 식당의 지급 시스템은 선지급이다. 조금 야박해 보일 수도 있지만, 중국의 인구수와 함께 생각해 본다면 충분히 이해가 되는 사항이다. 만약 공과금과 다른 결제 시스템들을 모두 후지급제로 낸다면, 14억 중에 10%만이라도 지급을 잊거나 고의적으로 피한다면 어떨까? 엄청난 적자와 재정난으로 이어질 것이다. 이렇듯 중국인들의 소비문화에는 큰 땅, 많은 사람으로부터 생긴 '합리적 의심'이 늘 자리 잡혀 있다. 특히 무언가를 구매할 때 이러한 합리적 의심은 더욱 크게 작용한다. 내가 낸 돈의 가치와 합당한지, 판매자가 사기꾼은 아닌지, 판매하는 지역에 자연재해는 없는지와 같은 다양한 의심을 하며 자신의 돈을 지킨다.

중국 최대 전자상거래 오픈마켓인 타오바오淘宝를 보더라도 이용자들은 판매자의 레벨을 가장 중요하게 본다. 타오바오 판매 페이지의 팔로워 수, 판매하는 상품의 점수, 후기 등을 종합하여 레벨이 정해지기 때문에 아무리 좋은 제품을 판매하여도 이제 막 판매를 시작한 레벨이 낮은 판매자라면, 중국 사람들은 신뢰할 수 없는 판매자의 제품을 의심만 하다 구매를 포기할 것이다. 중국인들은 14억 인구 중에서 신뢰할 만한 판매자를 원한다. 이러한 특성 때문에 중국은 연예인을 통한 광고 효과가 가장 막강한 나라 중의 하나이기도 하다. 연예인들은 얼굴이 알려져 본인 인증이 되어 있고 이미 많은 팔로워를 지닌 안전한 판매자이기 때문이다. 하지만 모든 제품을 광고료가 비싼 연예인을 통해서 판매할 수도 없거니와 중국의 모든 연예인이 판매자가 된다 하더라도 너무 적은 수이다. 이러한 상황을 모두 보완하면서 '왕홍'이라는 새로운 직업이 등장하였다.

6
App 하나로 왕홍이 된다

 왕홍이 하나의 직업으로 분류되기 시작할 즈음 왕홍들의 수는 더욱 빠르게 증가했다. 왕홍, 크리에이터라고 할 수 있는 이 직업을 시작하기란 쉽지 않다. 기본적으로 카메라, 조명, 마이크 등의 촬영 장비를 가지고 촬영을 해야 하고 촬영을 할 때 본인이 직접 배우가 되어야 한다. 그리고 촬영을 마치면 그 촬영본의 후작업 즉 컴퓨터로 영상 편집 작업을 해야 한다. 특히 편집 작업 때에는 영상 자르기, 속도 조절, 자막, 특수 효과나 음향 등의 작업을 해야 하기 때문에 많은 사람들이 크리에이터에 도전하기도 전에 겁을 먹는 경우가 많다.

 그렇다면 빠르게 증가한 중국의 왕홍들은 모두가 촬영장비를 제대로 구축하고 촬영을 하며 컴퓨터에 능해서 어려운 편집 작업을 직접하는 것일까? 미디어에서 활동하는 왕홍의 이러한 도전 장벽을 한 단계 낮춰준 것은 다름 아닌 하나의 애플리케이션이었다. 많은 미디어 플랫폼들, 특히 왕홍들이 현재 가장많이 활동하고있는 쇼트 비디오 플랫폼들은 자신들이 만든 핸드폰 애플리케이션 하나로 왕홍으로서 필요한 모든 작업이 가능하게 만들었다.

2장. 왕홍은 왜, 그리고 어떻게 성장했나

▶ 다양한 촬영 효과와 편집이 가능한 애플리케이션 촬영 화면

애플리케이션으로 촬영 버튼을 누르면 촬영이 시작되기 전에 먼저 다양한 세팅을 설정할 수 있게 되어 있다. 얼굴 미용, AR 기능, 음악, 속도 등을 미리 정하고 촬영을 시작할 수 있다.

메이화_{美化} 버튼을 누르면 메이이엔_{美颜}이 나온다. 메이이엔_{美颜}은 영상 촬영이 될 피사체의 얼굴을 원하는 모습으로 바꿔주는데 얼굴 색, 피부, 얼굴 크기, 턱의 길이와 눈, 코, 입 등을 바꿀 수 있다. 원하는 모습으로 설정을 하면 촬영이 되는 도중 얼굴의 일부만 나와도 계속 설정이 적용된 얼굴의 모습으로 촬영된다.

그 옆의 버튼 메이주앙_{美妆}은 쉽게 말해 메이크업 기능이라고 할 수 있다. 다양한 종류의 분위기를 연출할 수 있고 실제로 화장을 하지 않은 얼굴에 설정을 입혀보았을 때 전혀 어색함을 느끼지 못할 정도로 정교하게 만들어져 있다. 이러한 기능 덕분에 좋은 외모를 가진 사람만 도전할 수 있을 것만 같던 왕훙이란 직업에 더 많은 사람들이 부담없이 도전을 시작하게 되었다.

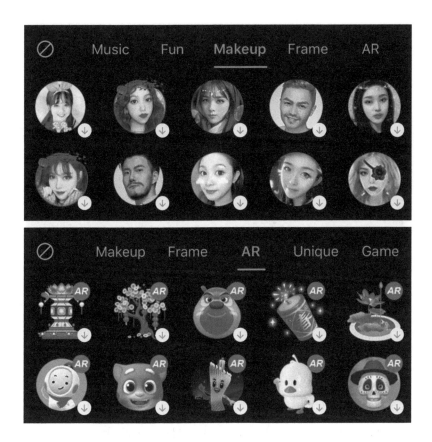

　맨 왼쪽 모파魔法 버튼을 누르면 얼굴 인식으로 가능한 더욱 다양한기능을 사용할 수 있다. 화면의 배경을 바꾼다던지 메이크업, AR 등의 기능들로 손쉽게 영상 촬영을 할 수 있다.

그리고 촬영 전 영상 속도를 매우 느림极慢 / 느림漫 / 표준标准 / 빠름快 / 매우 빠름极快 이렇게 5개 단계로 미리 영상의 속도를 정할 수도 있다. 쇼트 비디오 플랫폼들의 특성상 1분 정도가 최대 길이이기 때문에 1분 안에 2분, 3분 정도의 내용을 담기 위해 영상 속도를 빠르게 하는 왕홍들이 많다. 특히 중국의 대표 왕홍 파피장papi酱은 자신의 모든 콘텐츠를 2배속의 빠르기로 업로드한다. 빠르기를 정하고 영상 촬영을 한 뒤 바로 편집 기능을 사용할 수 있다. 이때 촬영한 영상의 빠르기를 다시 변경하는것도 가능하고 영상에 배경음악이나 효과음을 삽입할 수 있다. 영상 길이 편집을 마치고 특수효과들을 넣을 수 있는데, 대단한 효과라기보단 지루할 수 있는 화면에 조금의 재미를 더해 주는 정도이다. 하지만 이 또한 잘 활용하면 완성도 높은 영상을 만들 수 있다.

마지막으로 다양한 종류의 자막을 설정할 수 있다. 중국 드라마나 영화를 보면 중국어로 대사를 할 때에도 중국어 자막이 달리는 것을 볼 수 있다. 중국어는 크게 7가지의 방언으로 나뉘긴 하지만 큰 지형특성상 그 방언들 속에서도 각 지방마다 더 다양하게 변형되어 왔기 때문에 수십 가지의 방언이 있다고 할 수 있다. 그리고 그 방언들은 중국인들끼리 서로 소통이 힘들 정도의 차이를 가지고 있다. 표준어를 구사하는 사람이 지역 방언을 못 알아 들을 수도 있고, 지역 방언만 사용하는 사람들이 표준어를 완벽히 이해하지 못할 수도 있다. 그 때문에 중국의 드라마, 예능, 영화는 자막을 달고 있고 자막에 익숙해져 있는 중국인들의 이러한 자막 문화는 미디어 플랫폼으로도 연결되었다.

이처럼 애플리케이션 하나만을 가지고 충분히 촬영부터 편집까지의 모든 과정이 가능하게 되었고, 무엇보다 어려울 것만 같던 이러한 기능들을 손쉽게 사용할 수 있다는 장점으로 더 많은 사람들이 왕홍에 도전할 수 있게 되었다.

7
플랫폼 하나로 마케팅을 한다

　왕홍 경제에서 경쟁력은 마케팅 능력이다. 한 왕홍이 얼마나 큰 수익을 광고나 판매 의뢰자에게 가져다 줄 수 있는지는 명확히 왕홍의 마케팅 능력에 달려 있다. 그리고 MCN에 소속되어 있는 왕홍들은 소속 회사에서 전담으로 왕홍들의 커머스에 적절한 마케팅방법을 적용하며 진행하기도 하지만 꽤 많은 왕홍들은 더큰 이윤을 남기기 위해 MCN 회사와의 계약을 거절하고 혼자서 커머스를 진행하기도 한다. 전문적인 회사 없이 독단적으로 마케팅을 하는 것이 힘들어 보이기도 하지만 이것이 가능한 이유는 플랫폼 안에 있는 통계, 분석을 잘 활용하여도 충분히 훌륭한 마케팅 전략을 세울 수 있기 때문이다.

1. 페이지_{채널} 이미지

먼저 페이지의 이미지 분석을 해야 한다. 지속적으로 콘텐츠르 업로드 하다 보면 플랫폼에서 개인의 페이지에 대한 성격 분석을 해 준다. 그리고 이렇게 분석된 페이지의 이미지는 거의 대부분의 사람이 보고 동의할 만큼 정확하다. 페이지의 성격 분석 결과가 본인이 처음에 추구했던 이미지와 부합하지 못한 느낌이라면 콘텐츠의 내용과 분위기를 바꿔야 한다. 왜냐하면 페이지의 보여지는 이미지에 따라 들어오는 광고나 협업 제안이 다르기 때문이다. 왕홍들은 페이지의 이미지를 분석하여 자신과 맞는 광고를 진행하고 또 자신이 원하는 광고 유입을 유도한다.

2. 팔로워 분석

팔로워 분석을 통해서 가장 중요한 마케팅 작업이 이뤄진다. 현재 페이지를 팔로우하고 있는 팔로워들의 나이대, 성별, 지역 그리고 팔로워들이 선호하는 콘텐츠의 종류를 디테일하게 분석해 준다. 왕홍은 이 분석을 활용하여 커머스를 계획하고 진행하여서 성공적인 성과를 얻을 수 있다. 팔로워들의 나이대 분석을 통해 페이지를 팔로우하고 있는 사람들이 실제 구매력을 가진 사람들인지 파악할 수 있고 구매력을 가졌다면 어느 나이대가 가장 많은 수를 이루고 있는지를 알 수 있다. 그리하여 많은 나이대를 타겟층으로 한 상품 커머스를 진행할 수 있다. 그리고 성비 분석 결과를 통해 어떤 상품이

각 팔로워들의 성별에 맞게 매력적으로 비춰질지 알 수 있다. 또 지역 분석을 통하여서는 지역에 따른 소비 패턴과 커머스를 진행하는 상품의 가격에 대하여 생각할 수 있다. 중국은 아직도 지역별 빈부 격차가 심한 나라이기 때문에 지역 분석을 통해 페이지를 팔로우하고 있는 팔로워들의 수가 많은 지역이 지금 진행할 상품을 충분히 불편해 하지 않고 받아드릴 수 있는지를 확인한다. 왕홍들은 각 지역에 성향과 맞고 가격이 적절한 상품을 진행하여 좋은 결과를 얻는다.

3. 유입되는 이용자들 분석

유입되는 이용자들의 분석을 통해서는 앞으로의 커머스 방향을 정할 수 있고 페이지 또한 더 성장시킬 수 있다. 새로 유입되는 이용자들이 어떤 유입 경로를 통하여 페이지를 방문했는지, 페이지의 콘텐츠가 어떤 검색 결과에 따라 노출되었는지를 확인한다. 이를 통하여 왕홍은 커머스를 진행 전 사전 미팅이나 커머스를 먼저 제안할 때에 앞으로 기대되는 결과를 미리 예측할 수 있다.

MCN 회사와 계약되어 있지 않은 왕홍들도 충분히 스스로가 커머스 마케팅을 진행할 수 있도록 플랫폼들은 구체적인 분석 결과를 제공한다. 플랫폼들의 이러한 기능은 왕홍을 도전하고자 하는 사람들의 진입 장벽을 한 단계 낮추었고 더 많은 사람들이 홀로 왕홍에 도전하고 충분한 성과를 내고있다.

3

▶

왕훙 경제[网络经济]
17조 원의 시장

왕홍 경제는 왕홍들이 중국 경제 전반에 미치는 영향력이 점점 커지고 왕홍을
활용하여 얻어지는 경제적 효과가 막대해지면서 생겨난 용어이다. 왕홍을 통
한 경제 규모가 17조 원을 넘어선 지금, 인터넷 스타였던 왕홍들이 어떻게 중
국 경제 전반에 영향을 미칠 수 있는 파워를 가지게 되었는지, 그리고 그 경제
적 효과는 어느 정도인지 알아보자.

1
왕홍은 어떻게 경제적 영향력을 갖게 되었는가

왕홍들은 일단 자신을 노출해 브랜드화하기 때문에 누구보다 본인 인증이 잘된 판매자이다. 수십만, 수백만, 수천만의 팔로워를 지닌 왕홍들은 부정할 수 없는 인플루언서influencer, 즉 영향력 있는 유명인이기도 하다. 중국인들은 14억 인구 중 한 개인을 브랜드한 이 영향력 있는 유명인들, 즉 왕홍을 신뢰하고 좋아한다. 왜냐하면, 이러한 왕홍들은 유명인이긴 해도 일반인이라는 인식이 있기 때문이다. 왕홍을 통해 제품을 구매하는 소비자들은 왕홍이 자신과 크게 다르다고 생각하지 않기에 왕홍의 제품 리뷰, 추천 등을 자신에게 쉽게 적용할 수 있어서 왕홍의 말을 믿고, 왕홍의 추천하는 제품들을 구매한다.

예를 들어 구매하고 싶은 청바지가 있다고 생각해 보자. 이 바지를 입은 신민아, 강동원 등 유명 연예인의 광고 사진을 보고서 구매 욕구가 생기겠지만 직접 입어 보지 못하는 인터넷 쇼핑 특성상 모델들의 사진만을 보고 구매를 결정하기는 쉽지 않을 것이다. 하지만 나와 크게 달라 보이지 않는 일반인이 이 바지를 입고 사진이 아닌 실시간 라이브 방송을 통해 제품을 자세히 설명해 준다면 나의 구매에 직접적인 도움이 될 것이다.

▶ 직접 옷을 입고 화장품을 바르며 라이브 방송을 하는 왕훙들

　왕훙들은 자신들이 활동하는 플랫폼에서 라이브 방송이나 영상 콘텐츠를 활용해 물건을 홍보하고 직접 판매까지 할 수 있다. 특히 라이브 방송으로 제품을 홍보하고 판매할 때는 한국의 홈쇼핑처럼 직접 사용하거나 착용을 하고 실시간으로 질문을 받으면서 제품을 설명해 준다. 왕훙들의 이러한 커머스 방식에 중국의 소비자들은 열광했고 더 많은 기업이 왕훙을 찾기 시작했다. 앞서 말한 14억 인구의 특이성에 때문에 물건 구매 시 합리적 의심을 하는 중국인들에게 이러한 왕훙을 통한 커머스 시장은 소비자들이 제품을 믿고 구매할 수 있는 좋은 장이 되었고, 이 시장을 주도하는 왕훙의 경제적 영향력은 점점 커졌다.

2

소셜 미디어의 빠르고 자연스러운 커머스 연결

처음 인스타그램, 페이스북이 서비스를 시작했을 때에는 스토어, 마켓으로 연결이 되어 있지 않았다. 그저 자신의 일상을 공유하는 플랫폼이었다. 소셜 미디어들이 금방 전 세계적으로 이용자가 많아지자 플랫폼마다 팔로워가 많은 인기 페이지가 생겼고, 이러한 인기 페이지를 통해서 제품을 홍보하는 정도로 초반의 커머스는 진행되었다. 하지만 현재의 인스타그램, 페이스북, 유튜브를 보면 게시물 안에 광고가 들어 있고 플랫폼 내에서 바로 제품 구매까지 연결되도록 바뀌었다.

중국의 플랫폼들은 어떠할까? 중국의 소셜 미디어 플랫폼들은 전 세계 소셜 미디어 시장 중 비교적 후발주자로 시작된 서비스인만큼, 다양한 플랫폼들을 벤치마킹하였기 때문에 소셜 미디어에서 꼭 필요한 부분인 소셜 커머스를 바로 연결해 놓고 서비스를 시작하였다. 플랫폼들은 중국 최대 전자상거래 오픈마켓인 타오바오淘宝와 연결은 물론이고, 플랫폼들 안에서 자체적인 마켓도 오픈하여 소셜 미디어 이용자들이 쉽게 제품을 구매할 수 있도록 하였다.

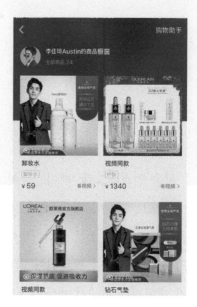

▶ 뷰티 왕홍 Austin의 페이지와 바로 연결되어 있는 왕홍의 마켓

    자신이 팔로우하고 있는 왕홍의 페이지에 들어가면 바로 왕홍의 마켓이 연결되어 있다. 이러한 중국 플랫폼들의 커머스 방식은 한국과 다른 나라의 소셜 미디어들과 비교했을 때 조금 노골적이기도 하다. 또한, 왕홍은 자신이 홍보하고 광고하는 제품을 PPL 방식처럼 자신의 영상 속에 자연스럽게 노출시켜 홍보를 하는 것이 아니라 대놓고 영상 자체를 광고 영상으로 만든다. 직접적으로 제품에 대한 리뷰, 소개, 판매까지 연결되도록 한다.

    여기서 한국 이용자들과 중국 이용자들의 소셜 커머스에 대한 인식 차이가 반영되어 나타나는데, 한국에서는 미디어 플랫폼이나 텔레비전에서 나오는 지나친 광고, 노골적이고 직접적인 광고를 불편하게 생각하는 사람들이 많지만 중국은 다르다. 그 이유는 중국 쇼트 비디오 플랫폼들의 광고 방법이 다르기 때문이다. 우리가 유튜브를 보다 보면 대부분의 영상에 짧게는 5초에서 길게는 15초까지 앞 부분에 광고가 먼저 재생되는 것을 볼 수 있다. 썸네일을 보고 영상을 시청하고 싶어 클릭을 했지만, 그 영상이 재생되기도 전에 내 의지와 상관없이 광고를 먼저 시청하여야만 하는 시스템이다. 심지어 영상 중간중간에도 광고 영상이 갑자기 재생된다.

하지만 중국의 쇼트 비디오 플랫폼들은 모든 영상에 광고를 강제로 삽입하지 않는다. 쇼트 비디오 플랫폼 내에 1분 이상의 긴 영상들도 똑같이 광고를 강제로 삽입하지 않는다. 내가 보고 싶은 영상을 클릭했을 땐 그 영상만이 재생된다. 그리고 그 영상이 끝나면 계속해서 다음 추천 영상을 띄워주는데 그때 다양한 영상들이 추천되고 그중 광고를 콘텐츠로 하는 왕홍의 영상이 뜰 수 있다. 하지만 만약 그다음에 재생되는 영상이 보기 싫다면 광고 콘텐츠의 영상일지라도 1초도 되기 전에 다음 영상으로 넘길 수 있게 되어 있다. 이러한 시스템 때문에 중국인들은 쇼트 비디오 플랫폼에서 강제적 광고에 대한 피로도가 없고 오히려 다양한 영상들 중간에 나오는 왕홍의 광고 영상을 재미있게 시청한다. 그리고 재미있게 본 그 광고 영상에서 소개된 제품은 곧바로 구매로 이어지게 된다. 시청자가 자연스럽게 구매자가 되도록 만드것이다.

중국인들은 자신들이 하루 동안 핸드폰으로 가장 많이 이용하는 미디어 플랫폼에서 재미만을 위한 영상도 좋지만 다양한 광고, 실생활에 필요한 제품 소개를 보길 원한다. 실제 베이징에서 대학교를 다니는 중국 젊은 친구들에게 애플리케이션으로 영상을 보다가 광고 영상이 추천 영상으로 나오면 불편하지 않은지 물어보았는데, 그들은 오히려 "필요한 제품을 추천해 줘서 불필요하다는 느낌을 받지 않는다."라고 대답하였다. 이러한 중국인들의 인식과 플랫폼의 특이성이 있었기에 중국의 왕홍들은 직접적이고 자유롭게 상품을 홍보하고 판매할 수 있게 되었다.

3
쇼트 비디오 플랫폼과
MCN 회사의 성장

중국의 소셜 미디어 이용자 수는 빠르게 증가했고, 특히 왕홍들이 가장 많이 활동하고 있는 쇼트 비디오 플랫폼의 이용자 수는 크게 증가하였다.이용자 수가 급증하자 이 많은 수요에 따라서 짧은 시간 안에 100개도 넘는 다양한 쇼트 비디오 플랫폼들도 등장했다. 플랫폼들은 각 플랫폼들의 개성을 더욱 뚜렷하게 하며 기존의 플랫폼과 차별화를 통해 경쟁력을 만들었다.

미용, 미식, 여행, 교육, 역사, 사회, 경제 등 다양한 분야의 전문 쇼트 비디오 플랫폼들이 만들어졌고 중국의 이용자들은 자신들의 필요에 맞춰서 플랫폼을 선택하였다. 여행 관련 영상을 보고 싶을 땐 'VUE' 플랫폼, 트랜디한 영상을 보고 싶을 땐 '도우인抖音' 플랫폼을 사용하며, 예전처럼 한 플랫폼만 사용하는 것이 아니라 다수의 플랫폼을 동시에 사용하기 시작했다. 다양한 플랫폼들의 등장은 더욱더 다양한 연령층의 이용자들을 쇼트 비디오 시장으로 데려왔고 이용자 수 증가와 플랫폼 수의 증가는 곧바로 왕홍의 증가로 이어졌다.

왕홍을 더 많은 사람이 접하고 소셜 미디어 안에서 왕홍의 역할이 명확해짐과 동시에 왕훙을 꿈꾸며 도전하는 중국의 젊은이들이 넘쳐나기 시작했다. 왕훙으로 활동하는 사람들 중 오랜 시간을 투자하며 차근차근 소셜 미디어에서 인기를 얻어 왕훙의 역할인 커머스까지 진행시키는 사람도 있지만, 현재 중국에서 활동하는 많은 왕훙은 회사와 함께 성장하고 있다. 엄청난 자본력을 가진 중국의 MCN Multi Channel Network 회사들이 막대한 돈을 투자하여 왕훙들을 만들어 낸 뒤 유통시장을 좌지우지하고 있다. MCN 회사에는 먼저 대표 왕훙이 존재한다. 엔터테인먼트 회사와 비슷하다고 생각하면 된다. MCN 회사를 대표하는 왕훙은 수백만 팔로워 정도가 아니라 수천만 팔로워를 지니고 있다. 이러한 수천만 팔로워를 지닌 왕훙 한 명이 웬만한 광고회사보다 큰 영향력을 가지고 있고 높은 수익을 내고 있다.

▶ 타오바오 라이브 왕훙 중인 웨이야(薇娅)의 생방송 모습(2018.11.11)

웨이야薇娅라는 왕홍은 2018년 11월 11일 중국의 블랙 프라이데이라 할 수 있는 이날 2시간의 방송 동안 2억 6,700만 위안한화 454억 원의 거래액을 돌파해 화제가 되기도 하였다. 제품 판매에 대한 커미션은 왕홍이 보통 30%를 받기 때문에 이날 웨이야의 하루 활동의 예상 수익은 1억 위안한화 170억 원으로 짐작된다. 이렇게 제대로 된 한 명의 대표 왕홍이 회사에 엄청난 이익을 가져다 주기 때문에 MCN 회사들은 이러한 수천만 팔로워를 지닌 왕홍들과 계약을 하고 또 자신들 회사에서 이러한 왕홍을 만들기 위해 투자한다. 엔터테이먼트 회사에서 연습생을 키우고 신인들을 배출해 내는 것과 같다.

이미 대표 왕홍이 있는 회사는 그 대표 왕홍의 컨텐츠에 신인 크리에이터를 참여시키므로 직접적으로 홍보를 하거나 혹은 대표 왕홍의 라이브 방송에서 후원금을 수백, 수천만 원을 선물하며 사람들의 이목을 끌며 팔로워를 늘리기도 한다. 왕홍이라 불릴 만큼의 크리에이터를 만들기 위해서는 꽤나 큰 액수의 투자가 필요하지만, 이렇게 큰돈을 들여 만든 왕홍 한 명이 그 투자금보다 훨씬 더 큰 돈을 회사에 가져다주기 때문에 MCN 회사들은 새로운 왕홍을 만드는 일에 돈을 아끼지 않는다.

4
왕홍 경제의 규모와 영향력

중국 왕홍 경제의 규모는 17조 원을 넘어섰다. 어떻게 왕홍을 통한 경제 규모가 17조 원이 되었는지는 왕홍들의 중국 유통시장에서의 영향력을 확인한다면 조금 더 이해가 쉽다. 왕홍을 설명하기에 앞서 중국의 연예인들과 왕홍의 수입을 비교해 보자. 중국에서 활동하는 우리나라 배우 추자연은 중국에서도 잘 자리 잡은 배우이다. 다양한 드라마에 출연하며 인지도와 몸값을 높여 갔고 지금은 회당 출연료가 한화 1억 원이 넘는다고 밝혔다. 또 중국에서 인기가 높은 '런닝맨'의 출연진들과 중국에서 큰 인기를 끈 가수 황치열은 방송에서 중국 방송 출연료가 한국 방송 출연료의 100배라고 밝힌 적이 있다. 외국 연예인들에게도 이러한 상황에서 활발하게 활동하는 중국 연예인들의 연 수입은 상상을 초월한다.

중화권 연예인 1년 수입 Top 10

순위	연예인	활동 분야	수입 금액 금액단위: 위안
1	성룡 (Jackie Chan)	배우, 감독	3.3억
2	판빙빙 (Fan BingBing)	배우	3억
3	주걸륜 (Jay Chou)	배우, 가수	2.6억
4	양양 (Yang Yang)	배우	2.4억
5	루한 (Lu Han)	배우, 가수	2.1억
6	양미 (Yang Mi)	배우	2억
7	안젤라 베이비 (Angelababy)	배우	2억
8	자오리잉 (Zhao Liying)	배우	1.9억
9	류타오 (Liu Tao)	배우	1.8억
10	크리스 우 (Kris Wu)	배우, 가수	1.5억

▶ 2016~2017 한 해 동안 중화권 연예인 수입 순위 (출처-South China Morning Post)

　　2016년부터 2017년까지 한 해 동안 연예인 top 10의 수익을 보면 1위인 성룡과 2위인 판빙빙은 3억 위안 이상을 번 것을 볼 수 있다. 한화로 500억 원이 넘는 돈을 1년 동안 번 것이다. 엑소의 전 맴버였던 루한과 크리스, 그리고 한국에 잘 알려진 안젤라 베이비도 한화로 250억 원이 넘는 돈을 벌었다. 그런데 중국에서 이렇게 수백억을 버는 연예인들보다 더 많은 돈을 벌고 있는 직업군이 바로 왕홍이다. 앞에서 소개한 타오바오 왕홍 웨이야薇娅 같은 왕홍들은 연수입도 아니라 한 번의 생방송 커머스로 순수익만 수억 원, 많게는 100억도 넘는 돈을 하루에 번다. 이들의 수익을 살펴보면 왕홍 경제의 규모가 17조 원이란 사실이 믿어진다. 실제로 2018년도에 왕홍 장따이张大奕의 연 수입이 판빙빙을 넘어섰다는 기사가 나기도 했다.

위와 같은 왕훙의 수익적인 내용들이 자주 기사화되어 사람들에게 전달되지만 모든 왕훙이 이렇게 돈을 많이 버는 것은 아니다. 텐센트연구원腾讯研究院에서 발표한 자료에 따르면 왕훙으로 활동 중인 사람들 중 한 달에 1만 위안한화 170만 원 이상을 버는 왕훙은 5%에 불과하다고 발표하였다. 2016년 이후부터 정말 많은 왕훙이 생기기 시작했고 비슷한 부류의 왕훙들이 많아지자 특정 소수를 제외한 많은 왕훙의 경쟁력이 떨어지기 시작했다. 한 달에 1만 위안한화 170만 원 이상을 벌지 못하는 95%의 왕훙들은 크게 두 부류로 나눌 수 있다.

첫 번째로는 개개인의 매력과 콘텐츠를 무기로 경쟁해야 하는 이 시장에서 특히 초창기 왕훙의 호황기 때에 큰 이득을 누렸던 얼굴만 예쁘고 잘생긴 얼짱 왕훙들의 설자리가 없어졌다. 최근 왕훙들은 팔로워들의 요구가 변함에 따라 외모보다는 개개인의 매력, 전문 분야를 어필하며 활동 중이기 때문에 이러한 얼짱 왕훙들은 이전에 생긴 높은 팔로워 수만 남아 있고 그 팔로워 수만큼의 영향력은 없는 왕훙이 되어 경제난을 겪고 있다.

그리고 두 번째로는 왕훙이 되고 싶어 누군가를 벤치마킹하며 도전을 시작한 신생 왕훙들이 있다. 잘나가는 왕훙들이 넘쳐나는 것을 보고 본인도 쉽게 저렇게 될 거란 생각에 별다른 차선책 없이 전업 왕훙의 길로 들어선 사람들 또한 많은 어려움을 겪고 있는 상황이다. 본인들의 노력으로 인해 겨우 수십만 정도의 팔로워까지는 모았지만 더는 성장하지 못하고 MCN 회사와 연결되지 못하면서 겨우 생활비 정도만을 벌고 있는 신생 왕훙들이 많다.

이렇게 현재 중국에서는 아이러니하게도 가장 돈을 많이 버는 직업도 왕홍이지만 동시에 돈을 벌기 힘든 직업 역시 왕홍이 되어 버렸다.

5
기업들은 왕홍을 어떻게 활용하고 있는가

초반 왕홍들이 진행하는 커머스의 주된 제품은 패션이였다. 하지
만 왕홍이란 직업군의 인기와 함께 많은 왕홍이 생겨나며 왕홍들의
콘텐츠는 더욱 다양해졌고 보다 전문화되었다.

2018 웨이보 왕홍들의 활동 분야 현황

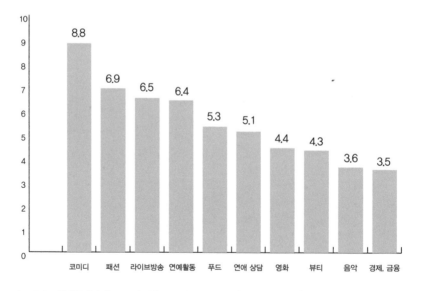

▶ 웨이보 플랫폼에서 활동 중인 왕홍들의 세분화된 분야 (출처-iResearch)

점점 더 세분화되고 있는 왕홍들의 활동과 연계하여 가장 큰 수혜를 누리고 있는 곳은 중국으로 진출하고 싶어 하는 전 세계의 기업들이다. 기존의 왕홍을 활용해서 큰 홍보 효과와 수익을 얻을 수 있던 패션과 뷰티 분야의 회사들뿐만 아니라 자동차, 전자제품, IT 등의 다양한 회사들이 왕홍을 활용하여 중국 시장에 진출하고 있다.

구분	브랜드			
자동차	Cadillac	BMW	VOLVO	Mercedes
요식업	McDonald's	KFC	Coca Cola	海底捞 HAIDILAO
뷰티	LANCÔME PARIS	CHANEL	L'ORÉAL	ESTÉE LAUDER
패션	teemix	NIKE	adidas	TOREAD
IT	Canon	SAMSUNG	HUAWEI	lenovo
기타	dyson	MeadJohnson Nutrition	Kellogg's	P&G

▶ 2018 왕홍 광고를 활용한 주요 브랜드 (출처-iResearch)

왕홍 경제가 시작될 당시에는 이름이 알려진 유명 브랜드들은 왕홍과의 협업을 꺼렸다. 인터넷 스타인 이들을 통해 광고를 했을 때 기업 브랜드 이미지에 좋지 않은 영향을 끼치지나 않을까 우려했다. 하지만 왕홍들의 경제적 영향력이 점점 더 커지고 그로 인한 홍보, 판매 효과가 크게 나타나자 외국의 유명 브랜드와의 협업이 늘어나고 있다. 왕홍들은 유명 브랜드와의 협업으로 큰 수익을 거두고 있고 동시에 중국에 진출을 원했던 외국 유명 브랜드들도 왕홍의 홍보와 함께 중국 시장 진출이 한결 수월해졌다.

우리나라 기업 역시 왕홍의 효과를 경험하고 있다. 왕홍을 활용한 마케팅을 국내에서 가장 먼저 시작한 기업은 '롯데백화점'이다. 2010년부터 지금까지 매년 꾸준히 왕홍들을 초청하여서 프로모션을 진행하고 있다. 2018년 12월 8일 롯데면세점은 알리바바와 손을 잡고 월드타워점에서 중국 왕홍 100명을 초청하여 50개의 부스를 마련해 20시간 연속 한국 화장품을 소개하는 이색 프로모션을 진행하기도 했다. 사드의 여파로 롯데 기업을 배척하는 중국인들이 많이 생겼지만 왕홍과의 꾸준한 협업으로 '롯데 패싱'을 극복하고 있다.

아모레퍼시픽의 브랜드인 '려'는 2017년 초 연휴 기간에 중국 왕홍 10명을 초청하여 홍보를 진행하였고, 약 25억 원의 매출을 올려 전년도 동기 대비 670% 매출 증가를 기록하였다. LG생활건강의 브랜드 '숨' 역시 왕홍 9명을 초청해 론칭 9주년 뷰티 쇼를 열었고, 한 명의 왕홍의 생방송 동시 접속자 수만 29만 명이 넘으며 큰 홍보 효과를 거두었다. 이렇게 현재 크고 작은 다양한 외국 기업들이 왕홍을 활용하여 중국 시장에 진출하고 있고, 심지어 한국에는 왕홍들을 활용하여 중소기업들의 중국 진출을 돕는 전문회사가 따로 생길 정도로 왕홍은 중국 진출의 필수 요소가 되었다.

6

왕홍 경제의 과도기
새로운 왕홍이 필요하다

왕홍의 영향력이 경제에 미치는 영향이 막대한 지금 사람들은 왕홍 시대의 몰락을 걱정하고 있다. 소셜 미디어 빅데이터 분야의 권위자인 칭화대학교 선양沈阳 교수는 2019년 4월 '소셜 미디어와 빅데이터'란 주제로 칭화대에서 있던 컨퍼런스에서 "왕홍의 시대는 끝났다."라고 말했다. 하지만 단순히 중국 경제를 이끌던 왕홍의 몰락을 말하는 것이 아니라 뒤에 한마디를 더 덧붙였다. "예쁘고 멋진 왕홍의 시대는 끝났다." 초창기 왕홍들은 우선적으로 인기를 끌어야 했기 때문에 보기 좋은 외모가 필수 요소였다. 하지만 중국의 다양한 플랫폼들에서 AI 기술력의 발달과 도입으로 어떤 외모이든지 모두를 잘생기고 예쁘게 만들어 주었고, 좋은 외모는 모두가 쉽게 갖출 수 있는 무기가 되며 경쟁력이 없어졌다.

실제로 한국에서 요즘 많이 사용하고 있는 많은 뷰티 카메라 앱들은 중국 기업에서 만든 것이 많다. 'B612' 같은 앱이나 '콰이kwai, 틱톡TikTok 앱 안에서는 동영상을 촬영할 때 사람을 인식해서 원하는 대로 얼굴을 꾸며준다. 초기에는 그저 피부 보정 정도의 기술만 있었지만 최근에는 피부, 얼굴 크기, 턱 길이, 팔자주름, 이마 길이, 눈

크기, 뒤트임, 두 눈의 간격, 애교살, 다크서클, 콧방울, 코 길이, 입 크기, 치아 미백까지 정말 디테일한 수정이 가능하다. 단지 촬영된 사진을 편집하는 것이 아니라 위의 기능들을 선택해서 기능을 입힌 설정 그대로 영상 촬영이 가능한 것이다. 움직이거나 좌우 180도 이상으로 얼굴의 일부분만 나와도 편집된 모습으로 촬영된다. 그렇기에 모두가 외적으로 좋은 모습으로 촬영을 할 수 있다. 이러한 이유 때문에 칭화대학교 선양沈阳 교수는 이제 곧 "외모를 무기로 하는 왕홍의 시대는 끝날 것이다."라고 말한다. 앞으로 생겨날 왕홍들은 외모보다는 왕홍 개인의 특기와 전문 분야에 중점을 둬서 성장할 것이며, 앞으로도 계속 왕홍이 중국 경제에 미칠 영향은 막대할 것이라고 말한다.

왕홍이 막 등장한 초창기 시절, 왕홍을 하나의 직업군으로 인정하기 전에는 다수의 사람들이 단순히 반짝하고 사라질 인기 콘텐츠 정도로만 생각했었다. 그리고 왕홍이 중국시장에서 큰 인기를 몰며 정점을 찍었다고 생각하는 순간에도 많은 사람들은 왕홍경제가 가지는 문제점들을 짚으며 왕홍시대는 곧 저물 것이다라고 말했다. 왕홍 경제의 가장큰 문제점이자 약점으로으로 꼽혔던 것은 시장의 획일화이다. 2015년의 왕홍 관련 기사와 논문를 살펴보더라도 미디어 플랫폼이라는 어떻게 보면 장소적 한계, 콘텐츠의 한계가 존재한다고 생각하는 공간에서 모두가 화장품과 옷만 커머스를 진행하다 보면 특정 시장만 경쟁이 과열될 것이고 곧 모두가 손해만 볼 것이라고 예측했다. 하지만 미디어 플랫폼 시장은 현재 더욱 다양해

3장. 왕홍경제 17조원의 시장

졌고 커머스 시장 또한 장소적 한계, 콘텐츠의 한계를 뛰어넘어 더욱 다양해졌다. 소비자나 광고주들의 왕홍을 통한 니즈needs 또한 새롭게 변하였고 그 요구들에 맞게 새로운 왕홍들이 생겨났다. 옛 방식만을 고집하던 왕홍들은 인기가 줄어들었지만 새로운 커머스를 연결하고 자신만의 특화된 콘텐츠를 살린 새로운 왕홍들은 지속적으로 인기를 끌고 있다. 왕홍이라는 틀안에 변화는 있었지만 중국시장에 왕홍이란 직업이 필수요소로 자리 잡고 있는 것이다.

7

왕홍의 전문화
전문가가 되어야 한다

중국은 지금 단순히 새로운 콘텐츠의 왕홍을 기다리는것이 아니다. 보다 전문성을 갖춘 왕홍을 원한다. 한눈에 보기에도 특정 분야의 전문성을 띄고 있어서 팔로워들이 그 특정 분야 만큼은 믿고 커머스를 진행할 수 있는 왕홍을 원한다. 전문성을 갖춘 왕홍은 두 종류로 크게 나눌 수 있는데, 첫 번째는 이미 어느 분야의 전문가인 사람이 새로 크리에이터에 도전하면서 자신이 가장 쉽게 할 수 있고 잘할 수 있는 자신의 전문분야를 콘텐츠로 선택하는 형태이다.

▶ 산부인과 의사인 왕홍 '장룽야이성'(章蓉娅医生)

　　산부인과 의사 '장룽야'章蓉娅는 중국 대표 소셜미디어 플랫폼인 웨이보微博에서 270만 명의 팔로워를 지닌 왕홍이기도 하다. 어느 분야의 전문 직업을 가지고 있는 사람이 자신의 직업과 관계 없는 콘텐츠로 왕홍 활동을 한다고 생각해 보자. 예를 들어 치과의사가 직업인 사람이 수백만의 팔로워를 지니고 있는데 페이지 내의 콘텐츠는 대부분 '먹방'이라면 그것을 '왕홍의 전문화'라고 말할 수 없다. 산부인과 의사 장룽야章蓉娅는 웨이보微博에서 전문적인 의학 지식을 소재로 콘텐츠를 업로드하고 생활 속의 의학 지식, 의학 문제 관련 소통으로 많은 팔로워를 빠르게 얻을 수 있었다. 수많은 댓글에 직접 소통하며 답변을 꾸준히 하여 좋은 평과 인기를 얻었고, 이어서 약을 제외한 생활 의료품 등의 커머스 또한 진행 중이다. 자신의 전문직이 있고 왕홍 활동으로 자신의 전문 지식을 살려 콘텐츠화 한 '왕홍의 전문화'의 첫 번째 형태이다.

'왕홍의 전문화'의 두 번째는 특정 분야에 전문성을 가진 사람은 아니였지만 한 분야의 콘텐츠를 지속적으로 다루고 연구하여 한 분야에서 자타가 공인하는 전문성을 갖게 되는 형태이다. 이러한 방식으로 전문성을 갖는 크리에이터들이 점점 늘어나고 있다. 문어발식의 다양한 콘텐츠보다는 한 가지 콘텐츠, 더 나아가서 한 종류의 제품만을 다루는 왕홍들이 생기고 있다. 뷰티 왕홍들로 생각해 보면 예전의 뷰티 왕홍들은 화장품이라고 불릴 수 있는 제품들을 모두 다루고 심지어 패션, 의류까지도 같이 커머스를 진행하곤 했다. 하지만 지금은 뷰티 왕홍 중에서도 마스크팩만을 다루는 왕홍, 입술 제품만을 다루는 왕홍, 헤어 제품만을 다루는 왕홍처럼 분야가 더욱 세분화되었고, 각 왕홍들은 화장품 전문가라는 명칭을 함께 얻게 되었다.

이렇게 특정 업계 종사자도 아니고 제품을 만드는 연구원도 아니였지만 특정 분야만을 콘텐츠로 다루다 보니 일반인이지만 전문성과 많은 팔로워를 얻은 이러한 왕홍들로 '왕홍의 전문화'의 두 번째 형태가 형성되었다. 중국시장에 왕홍의 전문화가 필요하고 또 전문가라 칭할 수 있는 왕홍들이 많아지는 것은 전문가 왕홍들의 수요가 지속적으로 늘어나고 있기 때문이다. 이용자, 구매자들은 너무 많은 왕홍이 생겨난 지금 더 확실히 신뢰할 수 있는 왕홍을 원한다. 그리고 왕홍에 대한 신뢰는 그 왕홍의 전문성에서 시작된다.

8
글로벌 왕훙 시장

    왕훙의 전문화와 함께 현재 중국은 왕훙의 글로벌화를 원하고있다. 왕훙의 글로벌화는 왕훙을 활용하는 외국 기업들의 증가와 중국 기업들의 왕훙을 통한 외국 진출, 그리고 외국인 왕훙으로 발전되고 있다. 초창기와 달리 더 많은 외국 유명 기업들이 중국 시장의 진출 수단으로 왕훙 마케팅을 선택하고 있고, 성공 사례들이 점점 더 많아지면서 외국 기업들에도 왕훙 마케팅이 하나의 정식적인 마케팅 방법이라는 인식이 생겼다. 또 중국 기업들은 이러한 영향력 있는 왕훙들을 활용하여 아시아 전역에 진출하고 있다.

    중국에서만 유명한 이러한 왕훙들을 활용하여 외국시장 진출을 하는것이 불가능해 보이기도 하지만, 이때 중국에서 활동하는 외국인 왕훙들을 활용하여 각국으로 역 수출을 하기도 한다. 중국시장에서만 활동이 가능했던 중국 왕훙들과 달리 외국인 왕훙들은 신선함을 주는 동시에 외국인들의 자국 상품들을 더 상세하게 마케팅할 수 있다는 장점, 역으로 중국과 각국의 가교 역할까지의 효과를 기대할 수 있기 때문에 중국어를 할 수 있는 다양한 나라의 외국인들이 왕훙에 도전하고 있고 또 MCN 회사들도 외국인 왕훙 양성에 힘을 쏟고 있다. 외국 MCN 회사들이 중국 왕홍회사와 협력하여 기존의 외국에서 활동하는 크리에이터들의 중국 왕홍시장 유입 또한 늘리고 있을 뿐만 아니라 매년 왕홍회사들은 각국에서 왕홍 대회를 열어 왕홍이 될만한 재능을 가진 외국인을 모집하고 있다.

▶ 2018 아시아 왕홍 선발대회 포스터

　왕홍이 된 외국인들은 희소성 덕분에 빠르게 유명해지기도 한다. 또 외국인 왕홍이 가진 영향력이 커진다면 중국과 타국 간의 행사나, 문화 관련 사업에 초청되어 중요한 역할을 하기도 한다. 실제로 한국인 왕홍인 '한궈둥둥韩国东东'은 사드 문제 때문에 한중 관계가 얼어 있을 때에 주중 베이징 한국대사관에서 한중 수교 25주년 기념 대표연설을 하며 양국 간의 관계에 중요한 역할을 하였다.

　이처럼 외국인 왕홍은 중국인 왕홍보다 훨씬 더 다양한 사업을 진행할 수 있기 때문에 왕홍의 글로벌화에 맞춰 중국은 더 많고 더 다양한 외국인 왕홍을 기다리고 있다.

4

▶

왕홍
프로젝트!

막강한 사회적 파워, 17조 원의 시장을 움직이며 경제적 효과를 몰고 다니는 왕홍이 되려면 어떻게 해야 하는가? 이론적으로만 알고 들었던 왕홍에 대한 궁금증을 해소하고 더욱더 피부로 느끼는 왕홍의 영향력을 느끼기 위해 직접! 왕홍이 되어 보기로 하였다. 2018년도 10월에 시작한 왕홍 도전기를 통해 더욱더 생생한 왕홍의 이야기와 어떻게 왕홍이 될 수 있는지에 대하여 도전을 시작하기 전 준비 과정부터 상세하게 알아보자.

1
나도 왕홍이 될 수 있을까?

나는_{이혜진} 한국외대에서 미디어커뮤니케이션과 중국외교통상학을 공부하였다. 학사 과정 중 교환학생으로 덴마크 코펜하겐대학교 Film &Media communication 와 중국 베이징대학교_{중문과}에서 공부하였으며, 그중 특히 베이징대학의 교환학생 경험은 중국 미디어에 대한 관심을 갖게 했다. 그래서 나는 2018년 8월 한국외대를 졸업하자마자 같은해 9월 중국 칭화대학교에서 Global Business Journalism 전공으로 석사 과정을 시작하였다. 이전에 교환학생으로 베이징에서 한 학기를 공부하고 생활했지만, 잠시 왔던 교환학생 때의 느낌과 적어도 2년을 생활하며 공부해야 할 석사의 무게감과 생활은 사뭇 달랐다. 전공의 이름에 걸맞게 중국과 세계의 경제에 대하여 집중적으로 공부하며 연구하였고, 그중 중국 경제에서 빼놓을 수 없는 키워드인 '왕홍 마케팅'이 눈에 들어왔다.

현재 중국에서는 쇼트 비디오 시장을 단순히 유행 중인 SNS 정도로 치부하지 않는다. 쇼트 비디오 플랫폼은 최근 1~2년 사이에 발전해, 이전의 미디어 플랫폼들과 달리 큰 유통 경제의 흐름을 이끌고 있는데 그 중심에는 왕홍이 있다. 왕홍에 대하여 알면 알수록, 공부하면 공부할수록 왕홍의 세계는 정말 흥미롭게 나에게 다가왔다. 그래서 나는 중국에서 함께 미디어 프로젝트를 진행 중이였던 팀원과 함께 직접 왕홍이 되어 보기로 했다!

2

브랜딩, 퍼스널 브랜딩

우리는 먼저 퍼스널 브랜딩에 대하여 고민하였다. 왕홍은 개개인의 역량, 재능을 콘텐츠화하여 대중의 관심을 끌어야 하기 때문에 퍼스널 브랜딩은 왕홍에 있어서 가장 중요한 요소 중 하나이다. 물론 처음에 정했던 콘셉트가 대중과의 소통 후 방향성이 바뀔 수 있지만, 자신만의 스페셜리티speciality가 있어야 한다. 스페셜리티라고 말하면 대단한 무언가가 있어야 할 것만 같지만 사실 남들과 다른 사소한 차이점 하나를 찾는 것이 중요하다. 남들보다 잘하는 것을 찾기에는 세상에 너무나도 많은 잘난 사람들이 있다. 내가 가장 잘하는 것을 더 잘하는 사람이 분명 있을 것이다.

중국의 소셜 미디어 이용자는 14억 인구의 45% 이상이다. 적어도 6억 명 이상이라는 말이다. 이 수많은 이용자는 누구나 자신이 원한다면 플랫폼에서 방송을 내보내는 주체가 될 수 있다. 수억 명의 사람들 중 나와 콘셉트가 겹치는 사람이 있을 수밖에 없지만, 또 다르게 생각하면 인간은 모두가 다르기에 수억 명 중에 나와 똑같은 사람은 단 한 명도 없다. 비슷한 콘텐츠를 가지고 촬영을 하고 라이브 방송을 하더라도 개개인이 가진 매력이 다르고 그 다른 매력이 확실히 어필된다면 시청자는 똑같다고 느끼지 않는다. 남들과 다른 한 가지만 찾는다 해도 차별화는 충분하다. 그리고 이미 우리는 외국인이기 때문에 큰 차이점을 하나 가지고 시작하는 것이다.

본격적으로 왕홍 도전을 시작하기 전 팔로워가 많은 사람들의 계정을 들어가 그들의 방송과 콘텐츠를 비교분석을 하였다. 우리가 정했던 콰이쇼우快手라는 플랫폼은 업로드하는 영상에 시간 제한이 있다. 기본적으로는 15초 그리고 긴 영상 촬영은 최대 57초까지 동영상을 업로드할 수 있다. 콘텐츠들은 노래, 음식, 교육, 농사 등 한국과 크게 다르지 않았지만, 동영상에 시간 제한이 있어서 영상의 호흡이 상당히 빨랐다. 또한, 중국에서 생활하는 서양인들도 적지 않게 콰이쇼우快手 플랫폼에서 다양한 콘텐츠들을 업로드하고 있었다. 그래도 기쁜 소식 하나는 한국인은 거의 없다는 점! 적어도 왕홍이라 칭할 만한 팔워로를 가진 한국 사람은 2~3명 정도가 전부였다. 그리고 이 한국인 왕홍들은 학생이 아니라 왕홍 회사 소속 전문 왕홍으로 보였다. 우리는 이 부분에 중점을 두고 저들과는 다른 차이점 하나를 찾으며 퍼스널 브랜딩을 시작하였다.

3

14억과 다른 한 가지 찾기

1. 중국 소셜 미디어 안에 적은 한국인 왕홍

2. 중국어를 할 줄 아는 한국인

3. 중국 명문대에서 공부 중인 학생

4. 중국 대학교를 소개할 수 있는 사람

5. 중국 문화와 중국 역사를 이해하고 좋아하는 한국인

    지금 중국 콰이쇼우 플랫폼 안에서 위에 5가지를 동시에 만족시키는 한국인은 없는 듯했다. 우리는 이렇게 정리해 놓은 차별점들을 종합하여 콘텐츠를 정해 나갔다. 중국은 큰 대륙의 특성상 베이징에 사는 사람은 2,100만 명 정도로 전체 인구 14억 비율로 봤을 땐 그리 많지 않다. 한평생을 살면서 중국의 수도인 베이징을 방문하지 못하는 사람들도 많다. 요즘은 고속철이 잘 발달되어서 300km/h 속도로 전국을 갈 수 있지만 중국인들에게 생업을 잠시 내려놓고 다른 지역으로 며칠씩 이동하는 것이 결코 쉬운 일은 아니다. 그렇기에 중국인들에게 중국의 수도인 베이징은 꼭 한 번 가

보고 싶은 곳이기도 하다.

중국인들은 베이징을 방문하면 만리장성과 자금성에도 가지만, 우리가 어렸을 때 서울대학에 견학 가서 정문 앞에서 사진 찍었던 것처럼 베이징대학, 칭화대학을 방문해서 사진을 찍는다. 이들은 정문에서 사진을 찍고 또 학교로 들어가서 견학을 하고 싶어하지만 학교 교칙상 학생증을 보여 줘야 정문 출입이 가능하기 때문에 외부인은 학교 안으로 들어가기 힘들다. 그저 인터넷에서 검색되는 사진으로 학교의 구석구석을 더 구경하는 것이 전부인 것이다. 14억 중국인들 중 수재들이 모여 있는 베이징대학, 칭화대학은 중국인들에게 자국의 명문대 이상의 큰 의미가 있기에 우리는 이러한 상황을 파악하여 중국인들에게 칭화대학을 간접 경험 시켜 주는 것을 첫 번째 콘텐츠로 삼았다. 칭화대 학생으로서의 삶을 알려주면서 학교의 다양한 건물들, 곳곳에 있는 예쁜 전경들을 소개해 주고 학교 학생이 아니면 들을 수 없는 다양한 이야기를 전해 주었다. 그리고 또 하나의 큰 장점이자 가장 잘하는 것! 퍼스널 브랜딩 마지막 5번이였던, '중국문화와 중국 역사를 이해하고 좋아하는 한국인!'

나는 중국 문화와 중국 역사을 참 좋아한다. 나와 대학교 전공 말고는 전혀 연관이 없는 중국이란 나라의 역사와 문화에 대해서 배울 때에는 남의 나라임에도 불구하고 참 재미있었다. 우리나라와 함께 수천 년을 보내온 중국의 역사, 큰 땅만큼 다양한 문화가 공존하는 중국, 그리고 그 문화마다의 특색을 보여 주는 사람들과 음식들. 이 모든 것들이 나에게는 참 매력적으로 다가왔다. 또 지금 중국 현지에서 공부하며 중국인 전용 숙사인 4인 1실 숙사에서 살면서 중국 친구들과 동고동락하다 보니 더 제대로 중국을 이해할 수 있게 되었다. 그래서 우리는 이렇게 중국을 이해하고 좋아하는 것을 나타내는 방법으로 음식을 선택하였다. 큰 땅만큼 다양한 음식이 존재하는 중국은 지역 특색에 따라 음식이 많이 나뉜다. 한국인들에게 잘맞는 음식도 있는가 하면 한국인이 먹기에는 다소 생소한 음식들도 많이 존재한다. 감사하게도 나의 입맛은 다양한 중국 음식을 참 맛있게 느낀다. 그래서 나는 한국인들이 먹기 힘들어할 만한 시앙차이 고수, 돼지 뇌, 카오위 통생선 튀김도 아주 맛있게 먹을 수 있었고 우리는 이 장점을 살리기로 했다.

우리나라에서도 팔로워가 많은 유튜버 '영국 남자' 조쉬의 채널을 보면 영국인이지만 한국 문화와 한국 그리고 한국 음식을 정말 사랑하는 것을 볼 수 있고, 그러한 '영국 남자' 조쉬의 채널을 많은 한국 사람이 팔로우하며 흥미롭게 본다. 중국 또한 마찬가지이다. 본인들의 문화를 외국인이 어떻게 생각하는지, 본인들이 즐겨 먹는 음식들을 외국인이 먹을 땐 어떻게 느끼는지 궁금해하며 관심을 가진다. 그래서 우리는 첫 번째 콘텐츠로 정한 칭화대학교 소개와 더불어 외국인으로서 다양한 중국 음식들을 체험하는 것을 두 번째 콘텐츠로 삼았다.

4
겸직으로 꾸준하게

퍼스널 브랜딩을 준비하고 콘텐츠를 정할 때 가장 중요시했던 것은 3가지였다.

> 1. 즐겁게 잘할 수 있는 것인가.
> 2. 시간과 장소에 구애를 많이 받지 않는 것인가.
> 3. 엄청난 시간을 투자하지 않아도 되는가.

위 3가지를 정했던 이유는 사람들의 반응과 인기를 예측할 수 없기 때문이다. 많은 사람은 시작하기도 전에 혹은 처음 시작부터 너무 각을 제대로 잡고 시작하려고 하고, 그렇기 때문에 처음부터 너무 큰 기대감을 가지게 된다. 만약 누군가가 지금 본인의 모든 것을 걸고 왕홍이 되는 것에 도전한다고 한다면 나는 기필코 말릴 것이다. 엄청난 노력에도 불구하고 빠른 시일 내에 반응과 인기를 얻지 못한다면 분명 크게 상심할 것이고, 금방 지치거나 포기하고 싶은 마음이 들기 쉽기 때문이다. 그래서 꼭 해주고 싶은 이야기는 '겸직으로 시작하라'이다.

왕홍은 충분히 시장성이 있기에 직업적으로도 수익성이 크게 따라올 수 있는 직업이지만, 왕홍이란 길이 나에게 그리 쉽게 열리지 않을 수도 있다. 사람들의 반응이 하루만에 나타날 수 있지만 1년에서 몇 년이 더 걸릴 수도 있기 때문이다. 제대로 각 잡고 시작한 일에 성과가 예상대로 나지 않는다면 실망할 것이고 기대에 못 미치는 성과는 곧 포기하게 만들 것이다.

하지만 영상 한두 개를 올린 뒤 반응이 없다고 포기하기에는 이 왕홍의 세계는 너무 매력적이다. 왕홍은 도전해 볼 가치가 충분히 있는 직업이기 때문이다. 비록 내가 열심히 준비해서 올린 영상이 그다지 큰 반응이 없더라도 나에게 본직이 있고, 다녀야 할 학교가 있다면, 아쉽긴 하겠지만 일상생활에 별 큰 타격 없이 자신의 재미를 위한 소소한 취미 정도로 생각하며 계속 진행할 수 있을 것이다.

그리고 자신의 콘텐츠에 대한 확신이 있다면 분명히 언젠가 반응이 올 것이고 중국에서 한 번 시작된 인기는 그 속도가 꽤 빠르게 늘어날 것이다.

그래서 꼭 기억해야 할 것은 꾸준함이다. 지치지 않고 반응이 생길 때까지 지속적으로 꾸준한 콘텐츠 업로드가 필요하다. 그래서 우리는 콘텐츠를 꾸준히 올리기 위해 앞에 말했던 3가지 조건인 내가 가장 즐겁게 할 수 있고, 동시에 시간과 장소에 상관없이 엄청난 시간을 투자하지 않아도 만들 수 있는 콘텐츠를 정하여 시작하였다.

5
하루라도 빨리 시작하는 것이
왕홍이 되는 지름길이다

요즘 주변에 중국 SNS로 자신의 영상을 올리고 싶어 하는 한국인 친구, 동생들이 많이 찾아온다. 그리고 그들 역시 내가 겪었던 비슷한 상황을 겪고 있는 것을 발견한다. 중국 SNS를 하고 싶긴 한데 막상 시작하려니 뭔가 준비해야 할 것은 많은 것 같고, 또 정작 준비된 것은 없는 것 같고, 중국어 실력이 부족한 것 같고, 이러한 생각들을 하다 보면 결국엔 시작도 하기 전에 '근데 내가 다른 할 일도 많은데 할 수 있을까?', '중국인들이 내 콘텐츠를 그리고 나를 좋아할까'라는 생각 먼저 들 것이다. 물론 용감하게 시작할 수 있는 사람도 있겠지만, 적어도 나는 그런 걱정들 때문에 시작을 못 하고 있었다.

그때 함께 콘텐츠 개발을 도왔던 동료의 푸쉬가 첫 스타트를 할 수 있게 했다. 동료는 "일단 올리자, 첫 동영상을 올려도 반응이 없을 것이다. 없는 게 정상이지만 반응이 있다면, 혹은 악플이라도 있다면 그것만큼 지금 상황에 필요한 것은 없다. 그러니 어차피 아무도 안 본다 생각하고 편하게 올리자."라고 격려했다. 생각해 보니, 지금 팔로워도 없는 내가 동영상을 업로드해도 아무도 안 볼 가능성이 더 크다는 생각에 한결 가벼운 마음으로 부담 없이 첫 동영상을 업로드하였다. 혹시 왕훙이 되고자 한다면, 그리고 자신의 콘텐츠를 정했다면 빨리 시작하자. 한 달의 준비 기간보다 첫 번째 동영상에 달리는 댓글 하나가 본인에게는 더 필요한 피드백이다. 하루라도 빨리 시작하는 것이 왕훙이 되는 지름길이다.

6
첫 단추 '자기소개'로 통通하다

우리는 앞서 말했던 중국 대학교 소개 그리고 중국 문화, 음식을 좋아하는 한국인을 콘셉트로 잡고 촬영했다. 하지만 첫 번째로 촬영한 영상을 첫 번째로 업로드할 영상으로 정하진 않았다. 그 이유는 아무도 팔로워가 없는 페이지에 갑자기 학교 소개가 올라오면 사람들이 이 페이지가 누구의 페이지인지, 어떤 콘텐츠를 콘셉트로 잡았는지를 정확히 모른 채 지나칠 것이기 때문이다.

중국 SNS를 통해 영상을 업로드할 준비가 되었다면 먼저 간단한 자기소개와 앞으로 업로드할 콘텐츠들의 콘셉트에 대하여 설명해 주는 것이 좋다. 그래야 아직 페이지 내에 영상이 많이 준비되지 않았더라도 기대감에 팔로우를 할 수 있을 테니 말이다. 그래서 우리는 페이지의 정체성을 확실하게 하고자 열심히 촬영한 첫 번째 콘텐츠 영상을 뒤로 한 채 과감히 첫 동영상으로 다음과 같은 짧은 자기소개 영상을 업로드하였다.

▶ '혜진의 칭화대 생활'이란 제목으로 업로드된 첫 자기소개 영상

"안녕하세요! 저는 중국 칭화대학교에서 석사 과정을 공부하고 있는 한국인 혜진이라고 합니다. 저는 앞으로 콰이쇼우快手 플랫폼을 통해서 여러분에게 칭화대학교 소개와 베이징에서 살아가는 한국인의 모습을 담도록 하겠습니다. 가끔 한국어 콘텐츠도 올릴 테니 많은 관심 부탁드려요 감사합니다!"

이렇게 짧은 자기소개를 #칭화대학교 #한국유학생 이런 해시태그와 함께 올렸다. 자기소개 영상을 금요일 밤에 업로드를 한 뒤 이제 다음 영상부터 본격적으로 콘텐츠를 올릴 생각에 조금의 설렘과 기대감을 가지고 잠자리에 들었다. 그리고 다음 날 아침, 기상하자마자 나는 핸드폰을 보고 깜짝 놀랄 수밖에 없었다. 콰이쇼우快手 앱 알람이 너무나 많이 떠 있었기 때문이다. 무슨 일인가 하고 애플리케이션에 들어갔고, 나는 200여 명 정도의 팔로워가 늘어난 것을 확인하였다.

288 粉丝 | 5 关注

✓ 추천 항목을 통해 추가

巨蟹座 북경 해전구

▶ 자기소개 업로드 후 288명의 팔로워가 생긴 페이지

  팔로워가 한 명도 없는 페이지에 자기소개 영상을 누가 보기나 할까? 하는 생각이 있었지만 업로드 후 12시간 만에 조회 수는 2,000회가 넘었고 200명이 넘는 팔로워가 생긴 것이다. 댓글도 꽤 많이 달렸기에 바로 댓글들을 확인해 보았다. 청화대에 관련한 댓글, 그리고 꽤 많은 비중으로 중국 베이징에 사는 한국인에 대한 관심이

많은 것을 느꼈다. 중국인들의 칭화대에 대한 궁금증+한국인에 대한 궁금증이 칭화대에서 공부하는 한국인이란 이미지로 합쳐져 시너지를 낸 것이다. 이때 우리는 중국 인구의 거대함을 다시 한번 느꼈다. 우리가 업로드한 콰이쇼우快手라는 플랫폼은 전 세계에 8억 명의 가입자가 있다. 이 플랫폼 가입자 수가 우리나라 전체 인구수의 16배나 되는 것이다. 콰이쇼우快手는 중국에서 월간 실제 이용자 수만 2억 명이 넘는 거대 플랫폼이기 때문에 동영상 한 개가 플랫폼에서 잘만 퍼지기 시작하면 빠른 속도로 확산되고, 동시에 많은 팔로워를 얻을 수 있다는 것을 우리는 직접 느꼈다. 10월 27일 첫 영상을 업로드한 뒤 미리 준비해 두었던 콘텐츠 영상 4개를 더 업로드했고, 10월 29일 3일 만에 팔로워는 1만 명을 돌파하였다. 중국인들로부터 폭발적인 반응이 온 것이다!

1.0w 粉丝 | 5 关注

✓ 추천 항목을 통해 추가

巨蟹座 북경 해전구

▶ 시작 3일 만에 팔로워 1만 명이 된 페이지

7

실전으로 시작,
조회수와 댓글은 솔직하다

내 기준으로만 만족스럽고, 나만의 즐거움을 위한, 나만의 유익을 위한 영상이라면 굳이 중국 소셜 미디어에 업로드하지 않고 인스타그램이나 개인 컴퓨터 폴더에 저장해 놓으면 된다. 하지만 적어도 내가 소셜 미디어에서 왕홍이라 불릴 만큼의 영향력 있는 사람이 되기 위해서는 중국인들의 니즈needs를 알고 공략해야 한다. 중국인들이 자신들과 전혀 상관없는 한국인 크리에이터를 좋아하고 팔로워할 이유는 없으니 말이다. 하지만 그들과 공감대를 형성하고, 그들이 흥미를 느낄만한 콘텐츠를 제작한다면 중국인들은 열린 마음으로 본인의 영상에 좋아요 누르고 계정을 팔로우할 것이다.

그렇다면 본인의 콘텐츠가 중국인들과 공감대를 형성하고 그들에게 흥미를 주고 있는지 어떻게 알 수 있을까? 그것은 바로 조회수와 댓글로 확인할 수 있다. 우리는 3번째 영상으로 한국의 불닭볶음면을 소개하고 먹는 장면을 촬영하여 업로드했다. 첫 영상을 업로드한 이후부터 현재까지의 영상 중 가장 시간적, 기술적으로 공을 많이 들인 영상이다. 하지만 동시에 가장 조회 수가 적은 영상이기도 하다. 촬영을 하며 우리는 "정말 재미있는 콘텐츠다. 이것이

4장. 왕홍 프로젝트!

올라가면 사람들이 엄청 좋아하겠다."라며 김치국을 마셨지만, 실제로 업로드 후 사람들의 반응 특히 조회 수 결과는 처참했다. 본인들이 잘 모르는 불닭볶음면에 관심이 없을 뿐아니라, 단순히 한국 라면을 먹는 먹방의 형태가 아니라 한국 라면을 소개해 주는 콘셉트였기 때문에 비싼 라면을 리뷰한다며 괴리감을 표현하기도 했다. 중국 라면은 보통 3~4위안에 구매할 수 있는 반면 불닭볶음면 한 봉지 가격은 10위안, 즉 2배 이상이었으니 2, 3선 도시 사람들에게는 충분한 공감대를 주지 못할 수밖에 없었다.

하지만 이러한 조회 수로 인한 반응 피드백은 아주 중요하다. 인기 없는 영상, 콘텐츠는 이유가 있다. 조회 수가 낮다면 그 영상을 통해서 사람들이 반응하지 않고, 흥미로워하지 않는 부분들을 찾아 발견하면 되는 것이다. 그렇다면 단순히 조회 수가 높지 않아 속상한 마음보다는 다음 영상 콘텐츠에 대한 기대감을 가지고 지속할 수 있다. 그리고 이러한 조회 수와 댓글에 상처받기보다는 받아드려서 정확히 문제점을 파악하여야 한다.

우리의 페이지에 업로드되는 영상들마다 적게는 600~700개에서 많게는 5,000~6,000개의 댓글이 달린다. 그중 무차별적인 악성 댓글들은 거의 보기 힘들고 칭찬과 학업에 대한 응원들이 전부이다. 그리고 가끔 조언과 같은 댓글들이 달리는데 이런 조언과 같은 댓글에 집중하여야 한다. 지금은 중국 팔로워들의 니즈를 상당히 이해하고 있기 때문에 인기 댓글부터 내려가며 수백 개 정도의 댓글 반응을 파악하고 있다. 하지만 이러한 파악이 되기 전 처음 2달가량은 영상마다 1,000개가 넘는 댓글을 일일이 다 확인하였고, 특히 조언을 해주는 댓글들에 집중하며 사람들의 반응을 살폈다. 중국인들은 댓글을 통해 어떤 콘텐츠를 원하는지, 어떠한 콘텐츠가 흥미가 없는지 그리고 중국인과 외국인인 우리와의 문화 차이 때문에 아예 이해를 못 하는 부분들이 어떤 것인지 솔직하게 남겨 주었다. 우리는 이러한 댓글들을 감사하게 참고하였고, 왜 그런지 생각해 보며 콘텐츠를 계속 발전시켜 나갔다.

불닭볶음면으로 쓴맛을 본 이후 콘텐츠들을 업로드하며 댓글들을 지켜본 결과, 처음 우리가 정한 '칭화대에서 공부하고 있는 한국인'을 콘텐츠로 하는 영상이 중국인들의 니즈에 맞는 좋은 콘텐츠라는 확신을 더욱 가지게 되었다. 왜냐하면 칭화대 관련된 영상을 올리거나, 중국에서 생활하는 한국인 콘셉트를 가지고 작업을 하고 영상을 업로드할 때마다 꽤 높은 조회 수를 기록했기 때문이다. 이러한 데이터들이 쌓일수록 더욱 중국인들의 반응에 적합한 콘텐츠를 만들 수 있었다.

▶ 시작한 지 한 달이 안 되어 팔로워가 2만 4,000명이 된 페이지

    콰이쇼우快手를 시작한 지 한 달이 조금 안 된 11월 27일, 팔로워가 지속적으로 늘어 2만 4,000명 정도의 팔로워가 생겼을 때 앞선 경험들을 토대로 칭화대의 기숙사를 소개하는 영상을 만들어 업로드했고, 그야말로 대박이 났다. 당시 우리는 이 상황을 '대박'이라고 표현할 수밖에 없었다. 저녁 6시에 이 영상을 업로드하면서 이 영상을 이후로 핸드폰에서 콰이쇼우快手 애플리케이션 알람이 울리지 않도록 설정하였다.

▶ 319.3w　　♥ 5.4w　　💬 6602

▶ '혜진의 칭화대학 기숙사' 페이지에 조회수 319.3만 개, 좋아요 5.4만 개, 댓글 6602개가 달렸다.

　　기숙사 소개 영상은 업로드와 동시에 빠르게 퍼져 나갔다. 중국
인들이 칭화대에 대한 궁금증이 분명 있을 것이라는 추측이 정확이
들어맞은 것이다. 업로드한 당일 80만 조회 수를 넘어섰고, 일주일
동안 100만 조회 수를 돌파하며 팔로워는 일주일 만에 5만이 추가
되어 7만 명이 되었다. 그리고 현재는 300만 조회 수를 넘기며 계속
퍼 져나가는 중이다.

8

섬네일 단 몇 글자에 수백만이 오간다

    쇼트 비디오 플랫폼 안에 매일 수백만 개씩 생산되는 영상 중 어떻게 하면 더 많은 사람이 나의 콘텐츠를 보게 할 수 있을까? 내용적인 면도 물론 중요하지만 내 콘텐츠 내용을 이용자들에게 알리려면 그들이 나의 영상을 클릭하여야 한다. 섬네일은 영상을 함축적으로 표현하여 클릭하고 싶게 만들어 주는 가장 좋은 간판 광고이다. 2018년 10월 말에 도전을 시작한지 3개월 정도가 지난 2019년 1월 말 팔로워는 20만 명을 돌파하였다.

20.0w 粉丝 ｜ 19 关注

编辑个人资料

巨蟹座　북경 해전구

女　巨蟹座　북경 해전구

▶ 시작한 지 3개월 만에 팔로워 수가 20만 명이 된 페이지

그러던 중 비슷한 내용의 두 콘텐츠를 올렸는데 조회 수 차이가 너무 큰 현상들을 발견하였다. 그 이유를 찾아 분석해 보니, 내용과 콘셉트가 비슷한 두 영상의 차이점은 다름 아닌 섬네일 화면이였다. 그리고 두 영상의 섬네일을 비교하며 중국인들이 좋아하는 섬네일 화면을 만들어 갔다.

두 영상의 섬네일을 비교해 보자

1.백화점 소개 영상

2. 칭화대 기숙사 소개 영상

▶ 10.5w　　💛 2683　　💬 374　　　▶ 319.3w　　💛 5.4w　　💬 6602

▶ 10만 조회 수 영상(좌)과 300만 조회 수 영상(우)의 섬네일

　위의 두 섬네일의 차이는 중간에 들어간 몇 자 안 되는 글의 유무이다. 하지만 중국 플랫폼에서 몇 자 안 되는 저 글이 사람들의 클릭수를 좌우한다. 왼쪽 영상은 저 섬네일만을 봐서는 절대로 무슨 콘텐츠의 영상인지, 이 영상을 클릭해서 무엇을 볼 수 있을지 아무런 감이 잡히지 않는다. 하지만 오른쪽 섬네일을 보면 책상 앞에서 찍은 것 같은 사진과 함께 '칭화대학 혜진의 기숙사'라는 짧은 설명이

있기 때문에 사람들은 칭화대 기숙사가 어떻게 생겼는지를 궁금해하며 클릭한다.

영상을 올릴 때에는 반드시 좋은 섬네일을 만들어 함께 올려야 한다. 좋은 섬네일은 예측 가능한 영상의 모습과 궁금증을 유발하는 간단한 글이면 충분하다. 열심히 좋은 콘텐츠를 만들었다면, 찍는 것에 노력을 기울이는 것만큼 섬네일도 신경을 써서 만들어야 한다. 귀찮을 수 있는 작업이지만 섬네일 작업은 노력할 만한 가치가 너무 크다. 중국에서 영상 업로드를 하는 미디어 플랫폼은 크게 쇼트 비디오 플랫폼과 일반 미디어 플랫폼으로 나뉠 수 있다. 각 플랫폼에 따라서 섬네일의 분위기도 많이 다르다.

▶ 파피장의 콰이 플랫폼과 웨이보 플랫폼의 세로, 가로 섬네일

영상들이 짧게 재생되는 쇼트 비디오 플랫폼에선 1분이 안 되는 시간 동안 핸드폰을 가로로 뉘여서 사용하는 것이 번거롭기 때문에 거의 모든 영상이 핸드폰 세로 화면에 맞춰진 세로 동영상이다. 짧은 영상 업로드 플랫폼은 특성상 핸드폰을 가지고 촬영을 많이 하기 때문에 핸드폰 화면 비율 기준의 세로 화면이다. 반면에 다양한 길이의 영상이 올라가는 일반 미디어 플랫폼들은 우리가 일반적으로 텔레비전을 보거나 유튜브를 볼 때 자주 보게 되는 가로 동영상이다. 본인이 활동하고자 하는 플랫폼에서 재생되는 영상 사이즈에 맞춰서 세로나 가로로 섬네일을 만들면 된다.

9
중국의 기념일을 기억하자

    우리와 거리적으로 가까운 중국은 같은 동양권이기 때문에 비슷한 공휴일이 많다. 그렇지만 중국인들만 기념하는 우리가 알지 못하는 새로 생긴 기념일도 많이 있다. 1년에 여러 차례 중국판 밸런타인데이를 보내거나 무언가를 축하하는 기념일도 많지만, 과거의 아픈 역사를 기리는 기념일도 있다. 한국인인 우리가 중국의 기념일을 기념할 필요는 없지만, 중국 플랫폼에서 활동하고자 한다면 어떠한 기념일이 있는지는 알고 기억해야 한다.

4장. 왕홍 프로젝트!

중국 국가 공휴일

날짜	명칭
1월 1일 / 양력	신정 (元旦)
1월 1일 / 음력	춘절 (春节)
4월 5일 / 양력	청명절 (清明节)
5월 1일 / 양력	노동절 (劳动节)
5월 5일 / 음력	단오절 (端午节)
8월 15일 / 음력	중추절 (中秋节)
10월 1일 / 양력	국경절 (国庆节)

▶ 중국의 기념일 (출처-baidu)

　　중국의 국가 공휴일은 우리나라와 비슷한 날이 많다. 특히 중국은 공휴일에 쉬는 날이 길다. 중국 달력에 춘절은 7일을 쉰다고 되어 있지만 실제로는 보름 가까이 쉬기 때문에 춘절 때 베이징을 돌아다니면 많은 가게들이 문을 닫고 그 많은 베이징의 사람들이 모두 고향으로 돌아가 거리가 텅 빈 것을 볼 수 있다. 국경절 역시 7일이나 쉬고 나머지 공휴일도 모두 3일 이상 쉰다. 그리고 위의 공휴일 외에도 중국인들이 기념하는 우리와는 조금 다른 기념일들이 있다.

기억하면 좋은 중국의 기념일

날짜	명칭	설명
2월 14일 / 양력	칭런지에 (情人节)	밸런타인데이
3월8일 / 양력	뉘런지에 (女人节)	여성의 날
5월 20일 / 양력	왕뤄칭런지에 (网络情人节)	작은 밸런타인데이
6월 1일 / 양력	얼통지에 (儿童节)	어린이 날
7월 7일 / 음력	치씨지에 (七夕节)	칠석 밸런타인데이
8월 3일 / 양력	난런지에 (男人节)	남자의 날
11월 11일 / 양력	광군절 (光棍节)	솔로의 날 중국 블랙 프라이데이
12월 13일 / 양력	난징 대학살 기념일 (南京大屠杀纪念日)	난징 대학살 기념일

▶ 중국의 기념일 (출처-baidu)

2월 14일 밸런타인데이나 7월 7석은 우리도 알고 있는 커플끼리 선물을 주고받는 날이다. 그리고 3월 8일과 8월 3일은 뉘런지에女人节, 난런지에男人节, 즉 여성의 날과 남성의 날이다. 이름만 보면 뭔가 고리타분할 것 같지만 중국의 젊은이들, 특히 대학생들은 아주 열심히 이 기념일을 챙긴다. 각 기념일이 되면 기숙사 앞과 건물 앞에 현수막까지 걸어 두고 선물을 준비하며 같은 반 여자 학생과 남자 학생들을 축하해 준다.

5월 20일은 커플끼리 기념하는 또다른 밸런타인데이인데 5, 2, 0 을 중국어로 읽었을 때 '사랑해'라는 뜻의 워아이니我爱你와 발음이 비슷하여 생긴 기념일이다. 젊은 커플들이 이날을 기념하고 있는

4장. 왕홍 프로젝트!

데, 조금은 상술에 이용되는 듯한 기념일이다. 그리고 왕홍들의 날이라고도 할 수 있는 11월 11일은 '광군절이다'. 우리나라는 '빼빼로데이'라고 부르지만 중국에서는 숫자 '1'이 홀로 서 있는 모습을 보고 '솔로의 날'이라 이름을 붙였다. 쐉스이双十一, 즉 쌍십일이라고도 불리며 알리바바의 대표 마윈이 '외로운 솔로의 날에 파격 세일을 진행할 테니 쇼핑으로 외로움을 극복하자' 라는 모티브로 광군절 이벤트를 시작했다. 실제로 광군절 이벤트 때에는 타오바오의 대부분 제품이 파격 세일을 하거나 1+1 행사를 진행하기 때문에 중국인들은 이 날을 놓치지 않는다.

▶ 타오바오는 광군절 이벤트가 진행되는 24시간 판매액을 실시간으로 공개한다. (출처-baidu)

광군절 이벤트를 시작하고 몇 해 지나지 않아 2017년 이후부터는 미국의 블랙 프라이데이의 매출을 뛰어넘었고, 2018년 11월 11일

광군절 행사가 진행되는 24시간 동안 총판매액은 2,135억 위안^{한화} 36조 2,000억 원을 돌파했다. 이날 왕홍들의 활약도 대단하였다. 내로라 하는 왕홍들이 광군절 이벤트 동안 타오바오 라이브를 통해서 제품 을 판매하며 엄청난 매출액을 높이면서 왕홍 시장의 건재함을 보여 주었다.

마지막으로 '난징 대학살 기념일'이 있다. 1937년 12월 13일 중국 난징南京 지역이 일본에게 침략을 당했고, 1개월 동안 30만 명의 중 국인이 살해되고 수만 명의 여성이 강간을 당했다. 이날은 2014년 12월 13일부터 난징 대학살의 희생자들을 위한 국가기념일로 지정 되었다. 대학살 80주년 동안 매년 중국 전역에서 지난날의 아픔을 기억하고 기리는 날이다. 중국인들은 과거의 일본의 만행을 잊지 않기 위해 그날의 희생자들을 위해 이날 하루를 엄숙한 분위기 속 에서 보낸다. 이러한 날을 혹시 모르고 중국 SNS에 평소와 같은 유 쾌한 콘텐츠를 업로드한다면 큰 질타를 받을 수 있다. 그러므로 이 와 같은 날은 중국인을 이해하는 마음으로 활동을 멈추는 것이 좋 다.

이처럼 중국의 다양한 기념일들을 기억할 필요가 있다. 중국 시장 을 그리고 중국인 팔로워들을 단순히 나에게 돈을 벌게 해주는 좋 은 길로만 생각하기보다는 좀 더 중국을 알고 중국인을 이해할 필 요가 있다. 팔로워들은 중국인들만이 챙기는 기념일을 자신이 팔로 우하고 있는 한국인 왕홍이 함께 기뻐하고, 함께 아픔을 나누고 그 날을 기린다면, 이들은 진심으로 고마워하고 더욱더 한국인 왕홍의 활동을 지지할 것이다.

10
자나 깨나 도용 조심, 개인정보 조심

    중국 소셜 미디어 플랫폼으로 콰이를 정하고 시작한 지 다섯 달쯤 되었을 때 같은 반 석사 친구와 밥을 먹다가 깜짝 놀랄만한 일이 생겼다. 친구에게 내가 요즘 소셜 미디어 크리에이터 활동을 한다고 말을 했더니 친구가 그 자리에서 바로 한국에 틱톡이란 이름으로 알려진 도우인抖音 앱에서 내 아이디를 검색했다. 1선 도시 친구들은 도우인抖音을 많이 사용해서 그런지 당연히 나도 도우인을 할 줄 알았나 보다. 그래서 나는 도우인이 아니라 콰이쇼우快手에서 활동한다고 말해 주었다. 그런데 도우인에 나의 계정이 있는 것이 아닌가? 나는 도우인을 사용해 본 적이 없는데 나와 똑같이 소개글을 쓰고, 게시물마다 글을 쓰고 리댓글까지 달아주는 계정을 발견했다. 나의 콰이쇼우快手 게시물들을 그대로 도용하고 나를 사칭까지 한 것이다. 심지어 팔로워도 이미 3만이나 있었다.

在北京读研究 爱吃中餐 爱去中国旅行的韩国人

23岁　韩国　清华大学

9.8w获赞　25关注　3.0w粉丝

作品 37　动态 37　喜欢 437

HeiJin 李慧真
抖音号: 1213380982

发消息

▶ 콰이쇼우(快手)의 모든 영상을 도우인(抖音)에 업로드 도용한 사칭 계정

순간 너무 소름이 돋았고 무섭기까지 했다. 이 사람이 나를 사칭하며 팔로워들에게 댓글을 달고 심지어 '수업 가는 중에~' 이런 내가 적지도 않은 글들을 쓰며 도용과 사칭을 했다. 가장 걱정되었던 것은 누군가에게 금전적 손해가 생길 수도 있겠다는 생각이었다. 콰이쇼우를 하면서 팔로워가 많이 늘어갈수록 인스타그램의 디엠_다 _{이렉트 메시지} 같은 개인 메시지는 하루에도 수천 통이 온다. 물론 일절 개인 메시지에는 회답하지 않는다. 수많은 메시지 중에는 '돈을 보내 주겠다', '비싼 선물을 보내 주겠다'라는 글도 꽤나 보인다. 만약

에 도우인에서 나를 사칭한 사람이 팔로워에게 금품을 요구할 수도 있고, 혹은 계정의 유명세를 이용해서 다른 불법적인 활동을 할 수 있기 때문에 나는 신속히 문제를 해결해야 했다.

처음 겪는 일이라서 이 일을 어떻게 처리해야 할지 몰랐지만 다행이도 같이 밥을 먹고 있던 중국 친구가 도우인 회사에서 인턴십을 했던 경력이 있어 내게 방법을 구체적으로 알려 주었다. 도우인에서는 도용, 사칭 관련 게시물, 계정을 검사하고 잡아내는 직원만 1,000여 명이 넘는다고 한다. 짝퉁이 쉽게 만들어지는 중국에서 누군가의 게시물을 도용하며 타인을 사칭하는 일은 너무나 쉽다. 이러한 무차별적 도용, 사칭을 방지하기 위해 중국의 쇼트 비디오 플랫폼들은 신분증 한 개당 하나의 계정만 등록할 수 있도록 되어 있지만, 한 번만 등록 가능한 본인의 신분증을 사용하면서까지 사칭, 도용을 하는 사람들이 있다.

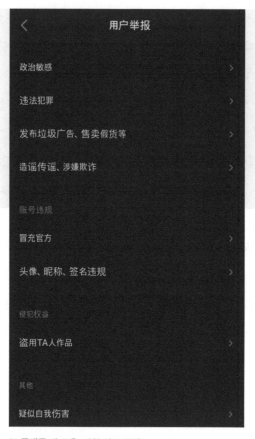

▶ 플랫폼 내 도용, 사칭 신고 화면

　그나마 다행인 것은 도용 사칭 신고 접수가 애플리케이션 안에서 손쉽게 가능하다는 것이다. 게시물들을 도용하고 사칭하는 사람의 계정을 들어가 상단의 설정 버튼을 클릭하면 쉽게 신고할 수 있도록 바로 '도용신고, 사칭신고'가 보인다. '盗用TA人作品'을 클릭하면 그사람이 도용한 작품의 원본, 그리고 그 사람이 사칭한 사람의 본 계정을 사진 첨부할 수 있도록 되어 있다. 나는 그 사람의 모든 작품

의 출처인 나의 콰이 페이지를 캡처해서 넣었고 또 나의 인증을 위
해 내가 만든 도우인 페이지 넘버와 나의 학생증을 첨부하였다.

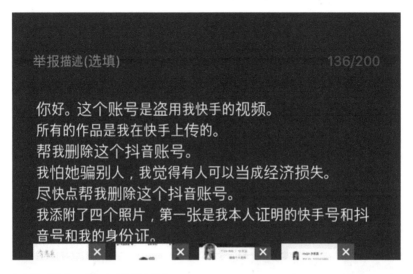

举报描述(选填)　　　　　　　　　　136/200

你好。这个账号是盗用我快手的视频。
所有的作品是我在快手上传的。
帮我删除这个抖音账号。
我怕她骗别人，我觉得有人可以当成经济损失。
尽快点帮我删除这个抖音账号。
我添附了四个照片，第一张是我本人证明的快手号和抖
音号和我的身份证。

▶ 도용 사칭 신고 내용과 사진 첨부 화면

　이렇게 신청하면 애플리케이션에서 접수된 신고가 진행되고 있
는 과정을 알려 준다. 5일 정도 후에 도용 사칭을 했던 계정의 모
든 게시물들은 삭제되었고, 이 계정은 다른 사람들이 찾아볼 수 없
도록 블록 처리되었다. 처음 겪는 일이라 우리는 너무 놀랐지만 쉬
운 신고 방법과 빠른 일처리 덕분에 도용 사건은 다행히 잘 마무리
되었다. 이렇게 중국에서 활동하는 왕홍들은 늘 도용, 사칭의 위험
을 인지하고 있어야 한다. 왜냐면 중국 내에 소셜 미디어 플랫폼이
워낙 많기 때문에 본인이 활동하지 않는 플랫폼에 타인을 사칭하며
다른 사람의 게시물들을 도용해서 활동하는 사람들이 있다.

그렇기에 플랫폼 내에 너무 자세한 개인정보를 적어 놓으면 안 된다. 개인정보를 활용해 사칭을 할 수도 있고, 개인정보를 보고 본인을 찾아와 스토킹을 할 수도 있으니 말이다.

페이지를 도용하는 사람들은 이미 검증된 팔로워가 많고, 중국인들에게 인기를 얻고 있는 사람들의 작품을 그대로 가져다가 다른 플랫폼에 업로드한다. 그리고는 팔로워가 많아지면 페이지를 팔기도 하고, 다른 악의적 용도로 사용하기도 한다. 그래서 큰 플랫폼일수록 플랫폼들에서 도용, 사칭 관련 일들을 철저하게 하고 있다. 또 팔로워 수가 100만 이상인 사람들은 연예인이 아니더라도 계정 옆에 인증 마크가 붙는다.

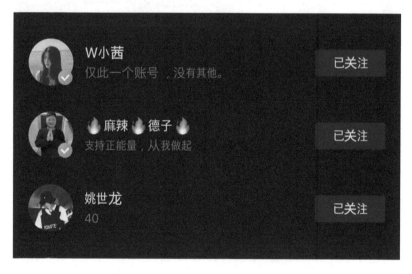

▶ 본인 인증이 된 팔로워가 많은 유명 페이지 옆에는 체크 표시가 붙는다.

체크 표시는 왕홍을 팔로우하는 팔로워들과 페이지를 운영하는 왕홍에게 믿음과 안심을 준다. 팔로워들은 본인들이 팔로우하고 있는 페이지가 도용이 아닌 왕홍이 직접 운영하는 페이지라고 확신할 수 있기 때문에 이 페이지의 왕홍이 추천하는 제품들을 믿고 구매할 수 있다. 왕홍 입장에서도 자신의 페이지에 안심 마크 같은 것이 추가되었으므로 이전보다 훨씬 더 많은 수익을 창출해 낼 수 있다. 또한, 다른 사람이 만약 도용을 하더라도 별도의 본인 인증 없이 도용 페이지가 바로 차단, 삭제 처리되기에 좀 더 수월하게 페이지를 운영할 수 있다.

하지만 시작하자마자 100만 명의 팔로워를 가질 수 있는 것은 아니기에 추천하는 방법은, 작품을 촬영하고 편집이 끝났다면 그 영상을 한 플랫폼에만 업로드하는 것이 아니라, 2개 혹은 3개 정도의 대형 플랫폼들에 동시에 업로드하는 것이다. 여러 플랫폼에 작품을 업로드하면 그만큼 관리가 필요하니 조금의 노력은 들 수 있어도, 이미 만들어진 작품을 업로드만 하면 되는 것이기에 그렇게 큰 시간을 투자하지 않아도 되고 또 도용의 위험도 미리 없앨 수 있다.

11
플랫폼들의 규율을 준수하자!

위에서 중국 소셜 미디어의 댓글 문화가 깨끗한 이유를 엄격한 규제에 있다고 하였다.그뿐만 아니라 플랫폼에서 활동하는 왕홍들에도 이와 같은 규율을 준수하여야 한다. 플랫폼마다 차이는 있지만 중국 내에서 상위권 이용자 수를 다투는 도우인抖音과 콰이쇼우快手 정도의 플랫폼들은 콘텐츠나 라이브 방송에 대한 규율이 상당히 엄격하다. 심지어 도우인抖音에서는 라이브 방송을 위한 팔로워 수가 채워지고 난 후 라이브 방송 서비스를 시작하기 전에 라이브 방송 규율에 대한 객관식 10문제 시험을 통과하여야 한다.

지켜야 할 규율들은 라이브 방송 중 흡연, 음주, 사행성 게임, 욕설, 심한 노출, 침대 위에서 방송, 타사 플랫폼에 대한 언급, 국가에 대한 심한 비판, 중국정치나 역사에 대한 무분별한 언급, 국가国歌 부르기 등이 있으며, 이것들은 절대 하면 안 된다. 종종 규율에 어긋나는 것들을 요구하는 댓글들이 있는데 본인 페이지나 방송 설정에서 금지 언어를 설정해 놓을 수 있으니 규율에서 금지된 사항들은 언급도 되지 않도록 미리 설정해 놓는 것이 좋다.

第七条 快手对违法违规行为界定，依据现行法律法规，包括但不限于《中华人民共和国网络安全法》、《互联网信息服务管理办法》、《互联网直播服务管理规定》、《互联网危险物品信息发布管理规定》及《互联网用户账号名称管理规定》的相关内容，同时坚守《七条底线》的倡议。

第八条 不得制作、复制、发布、传播含以下违法违规内容的信息：

（一）涉及违反宪法所确定的基本原则的行为或内容；
（二）涉及危害国家安全，泄露国家秘密，颠覆国家政权，破坏国家统一的行为或内容；
（三）涉及损害国家荣誉和利益的行为或内容；
（四）涉及煽动民族仇恨，民族歧视，破坏民族团结的行为或内容；
（五）涉及散布谣言，扰乱社会秩序，破坏社会稳定的行为或内容；
（六）涉及展示或传播色情相关内容，如色情自拍偷拍、色情图片和语音文字；
（七）涉及展示带有性暗示相关内容，如带有挑逗性的大尺度动作、刻意展示非正常着装；
（八）涉及展示及销售真枪、仿真枪的行为或内容；
（九）涉及展示枪支图片，枪支组装、展示威力的行为或内容；
（十）涉及展示及销售毒品、吸食毒品、吸食毒品的行为或内容；
（十一）涉及展示及销售催情粉、迷奸粉、迷药等非法药品的行为或内容；
（十二）涉及展示大金额钱财的赌博行为或内容；
（十三）涉及展示及销售赌博用具、出千工具、偷拍设备等产品的行为或内容；
（十四）涉及宣传赌博游戏，如：六合彩、澳门赌博网站；
（十五）涉及展示自杀、自虐、自残的行为或内容；

７）涉及网络主播黑名单相关内容；
８）涉及社会摇等社会属性相关字眼的内容；

（二）血腥暴力

１）涉及宰杀、虐待动物等内容；
２）涉及暴力斗殴、激烈打斗、约架挑衅、血腥画面等令人感到不适的内容；
３）涉及展示纹身等内容；

（三）非法行为

１．非法交易

１）涉及赌博、贷款、募捐，或其他涉嫌欺诈的产品服务内容；
２）涉及捕猎、贩卖国家保护动物及其制品、展示及销售管制器械、防身用品、易燃易爆等危险物品的内容；
３）涉及宣传售卖减肥产品，或以减肥功效为噱头宣传、销售产品的内容；
４）涉及宣传售卖带有大牌标志及假冒伪劣产品的内容；
５）涉及引导用户至其他平台非法进行组织加盟、发展下线、收取会费等疑似传销性质的违规行为；

２．违法活动

１）涉及走私、盗窃等违法犯罪活动或销售违法产品的内容；
２）涉及教唆他人犯罪、虐待、体罚、侮辱他人等内容；
３）涉及横行霸社会或其他非法暴力、恐怖行为；
４）涉及冒充、伪造、抹黑、辱骂军警等公职人员，干预执法人员执法，及其他违反治安管理条例的行为；

３．破坏公共私人财产，扰乱公共秩序

１）涉及扰乱社会秩序，阻碍相关部门执法的行为；
２）涉及破坏公共设施和私人财产，骚扰纠缠路人，扰乱周围居民正常生活的行为；

▶ 콰이쇼우(快手) 규율 관련 공지

그리고 플랫폼에서 금지된 규율 중에 정부나 국가国歌 관련해서는 나라 헌법으로 금지된 것들이 있으므로 더욱 조심하여야 한다. 실제로 중국 왕홍 리거离歌는 라이브 방송 중 중국 국가를 불렀는데 이때 가사를 잘못 부르고 장난스러운 표정으로 멜로디를 왜곡하였다고 하여, '중화인민공화국국가법中华人民共和国国歌法'을 위반한 행위로 행정 구류 5일 처분을 받기도 하였다. 정부나 국가国歌 관련된 것 이외의 규율들 중에서도 미리 숙지해야 할 것들이 많은데, 잘 알지 못하고 규율에 위반된 라이브 방송을 진행하거나 콘텐츠를 올리면 경고를 받게 된다. 경고를 받게 되면 페이지가 자주 검열에 걸려서 콘텐츠들이 쉽게 확산되지 못하므로 반드시 주의하여야 한다.

12
중국인들의 마음 사로잡기,
중국 신문에 보도되다!

漂亮的惠真

37.8w 粉丝 | 45 关注

△ 팔로워 목록을 통해 추가됨

👤 people you may know Heijin 李惠真

♀女   巨蟹座   북경 해전구

콰이쇼우快手를 시작한 지 5개월이 지난 2019년 3월 말 팔로워는 37만 명을 넘어섰고, 신징바오新京报라는 언론사로부터 인터뷰 요청을 받았다. 신징바오는 영상 뉴스 플랫폼 중에서 가장 뛰어난 접근

성과 이용률을 지니고 있는 베이징 소재의 언론사다. 칭화대에서 공부하고 있는 한국인 왕홍에 대하여 인터뷰하고 싶다는 요청이 들어왔다. 워낙 유명한 언론사였기 때문에 흔쾌히 인터뷰에 응하였다. 3월 초에 인터뷰를 진행했고, 3월 20일에 영상 형식으로 제작한 인터뷰 영상을 보도하였다는 연락을 받았다. 오전에 보도된 영상을 오후에 확인했는데 반나절 만에 200만 뷰의 조회 수를 기록한 것을 보았다.

그런데 더욱 더 놀라운 일은 다음 날 일어났다. 인터뷰를 진행했던 신징바오의 기자로부터 중국 포털사이트 바이두百度에서 지금 내 이름을 검색해 보라는 연락을 받았다. 바이두 검색을 하니 차이나데일리를 비롯한 10곳이 넘는 신문사와 언론사에서 나에 관한 기사를 쓴 것을 확인할 수 있었다. 차이나데일리에서 보도된 3페이지 가량의 기사에는 나를 팔로우하고 있는 팔로워가 썼다고 생각이 들 만큼 자세한 설명과 우리가 왕홍을 도전하며 추구하던 모습들이 잘 담겨 있었다. 번역된 기사 내용 아래와 같다.

韩国美女李惠真：用快手记录我在清华的留学生活

 中国日报网
03-21 16:12

如果说"长得好看的人才有青春"，那么长得好看还是"学霸"的青春也一定与众不同吧。

李惠真，韩国美女，新晋快手用户。在直播中，常常她人还没说话就已让屏幕前的一众老铁一见倾心。关键是，她还不是一个花瓶，目前在清华大学读研究生。

好看与漂亮不同，后者不止是好看的容貌，更是一种因学识由内而外散发的气质。

留学生的身份，高颜值，清华大学，再这些元素的加持下，李惠真5个月的时间成功在快手上收获将近37万的粉丝。而她入驻快手的初衷是:学中文。

▶ 차이나데일리中国日报网에 보도된 기사 앞부분

차이나데일리 기사 번역 전문

유학생의 신분, 준수한 외모, 칭화대학, 이러한 요소들과 함께 이혜진은 5개월의 기간 동안 콰이쇼우에서 37만 명에 이르는 팔로우를 확보하였다. 그녀가 콰이쇼우를 처음 시작하게된 동기는 중국인들과 교류를 통해 중국어 실력을 키우는 것이었다.

먼저 그녀의 중국어에 대해 이야기해 보자. 그녀의 중국어는 유창하다. 일반적으로 외국인이 중국어를 배우는 것 자체가 어려운 일이며 중국어를 유창하게 다른 사람이 알아듣도록 구사한다는 것은 더욱 더 어렵다. 하지만 처음부터 그녀의 중국어가 유창했던 것은 아니다. 초창기에는 정적인 콘텐츠들을 올렸지만 이후 그녀는 중국어로 영상 장면들을 소개해 주기 시작했다. 현재 그녀는 중국어로 팔로워들과 막힘 없이 소통하고, 중국어로 라이브 방송을 하는 것을 더 이상 두려워하지 않는다.

또 칭화대 학구파의 세계는 또 어떠할까? 많은 사람이 그녀의 기록들을 통해 중국 최고 명문대의 진짜 모습들을 들여다본다. 그녀의 렌즈 안에 칭화대 도서관, 칭화대 메인 빌딩, 칭화대 최초의 교문, 칭화대 운동장, 칭화대 학생식당 등의 모습이 고스란히 담긴다. 많은 팔로워가 뜨겁게 반응하며 "한국 유학생의 콰이쇼우快手 기록을 통하여 칭화대를 들여다 볼 줄 상상도 하지 못 했었다."라고 평론한다. 우수한 사람은 늘 더 노력한다.

이혜진의 기록을 펼쳐보면 유학생의 일상 중 대부분의 시작이 공부하는 것임을 알 수 있다. 석사 첫째 날: 아침 7시에 기상, 8시 30분에 모든 준비를 끝내고 등교, 수강 과목의 필기시험을 본 후 계속 이어 지는 복습과 수업들, 그 후에도 학교 활동에 참여하고 국제 금융에 대 해 공부하며 중간에 쉬는 시간이 되어서야 친구들과 함께 식사를 한다. 그리고 기숙사로 돌아온 후에도 경제신문을 읽고 주어진 과제를 하며 하루를 마무리한다.

그녀의 일상 중 쉬는 시간이라고는 식사 시간뿐이다. 학구파들은 어 렵고 힘든 것을 기꺼이 받아들인다. 이혜진은 중국에서 학업으로 인한 스트레스를 많이 받기도 하지만, 그럼에도 불구하고 중국에서의 공부 와 생활을 좋아하며 감사해 하는 이유는, 이곳에서 펼쳐지는 매일의 상 황들이 다르며 다양한 중국인을 만나게 되고 그들에게서 감동을 받기 때문이다. 바쁘게 공부하는 것 외에 그녀는 중국의 맛있는 음식을 맛보 는 것을 좋아한다.

그래서 그녀는 중국을 좋아하고, 중국의 문화를 좋아하며, 중국의 음 식을 좋아한다고 말한다. 그녀가 선보이는 미식 리스트에는 네티즌들 이 말하는 "중국 음식 빅4"가 있다. 미시엔, 황먼지 _{중국식 닭요리} 그리고 중 국의 볶음면, 훠궈와 물만두가 있다. 중국 요리를 먹고, 치파오를 입고 중국 전통 골목을 거니는 등 그녀의 중국 유학 생활은 매우 다채롭고 풍부하다. 그녀는 베이징 예술거리인 798에서 통역 아르바이트를 하 고, 학교에서 열리는 좌담회의 MC를 맡기도 한다. 중국의 유학 생활이 그녀의 삶 속에 은연중 녹아들어 그녀의 생활습관에 영향을 주기도 한 다. 겨울방학 때 한국으로 귀국하면 집에서 부모님께 중국식 훠궈를 만 들어 드리기도 하고, 중국의 지급 방식 _{알리페이, 위챗페이} 이 가능한 한국 상 점을 촬영하여 기록을 남기기도 한다.

문화 교류는 '나가는 것'이 있고, '돌아오는 것'이 있는 것이다. 이혜진은 중국 네티즌들에게 눈이 내리는 한국의 풍경과, 서울의 아름다운 야경 서울 남산타워, 대학교 도서관 등을 보여 주고, 혜진의 한국 친구들이 콰이쇼우 유저들에게 새해 인사를 보내기도 한다. 현재 콰이쇼우의 외국인 이용자가 갈수록 늘어나고 있다. 그중에는 중국에서 공부를 하거나 일을 하기도 하고, 중국 배우자와 결혼해 중국에 거주하는 사람들도 있다.

이들은 각자의 삶을 기록함으로써 서로 다른 생명의 양식을 보여 주고 있다. 콰이쇼우를 통해서 이혜진은 중국의 팔로우를 얻었을 뿐만 아니라 중국에 살고 있는 외국인 왕홍을 사귀기도 한다.

그녀의 라이브 방송 중에 종종 외국인 왕홍 친구들이 들어가 그녀를 응원하기도 한다. 콰이쇼우에서 유저들은 짧은 영상과 사진의 형식으로 자신의 사소한 중국 생활을 기록하여 그들의 희로애락을 다른 이들에게 공유한다. 또한, 라이브 방송의 형식으로 자신의 팔로워들과 소통을 하기도 한다. 콰이쇼우를 통해서 전 세계 각지의 사람들이 서로 연결되어 소통하며 영상 기록으로 그것들이 구현되는 것은 인터넷 역사적으로 의미 있는 일이다.

이 세상은 기록을 남기므로 더 다채롭게 변한다. 기록에 기초한 사회, 문화 등 다방면의 교류는 이 세상에 큰 영향을 미친다.

위 기사에는 참 많은 내용이 담겨 있다. 가장 기뻤던 것은 활동을 시작하면서 처음에 바랐던 부분들이 의도대로 중국인들에게 잘 전달되었다는 것이다. 팔로워들은 내가 전하는 칭화대의 모습을 좋아했고 칭화대에서 공부하고 있는 한국인 학생의 삶에 관심을 가져 주었다. 외국인으로 중국의 문화와 음식을 접하는 모습을 흥미롭게 여기고 내가 전하는 한국의 다양한 문화를 역시 좋아해 주었다.

13
어떻게 벌고 얼마나 벌까
유학생 왕홍의 수입!

왕홍에 도전하여 50만에 가까운 팔로워가 생긴 지금, 내가 중국 플랫폼에서 활동하는 것을 아는 주변 지인들이 가장 많이 묻는 질문이 하나 있다.

"그러면 얼마 벌어?"

우리도 이 도전을 시작하고 가장 궁금했던 부분이다. '정말 왕홍이 된다면 얼마나 벌 수 있을까?' 아직 시작 단계에 있는 왕홍이긴 하지만 현재 수익이 생기는 부분은 3가지 정도가 있다.

1. 플랫폼 내 라이브 방송 후원금
2. 라이브 방송으로 광고를 진행할 때 받는 광고료
3. 콘텐츠 영상 안에 제품을 홍보해 주며 받는 광고료

첫 번째 수익 구조 - 플랫폼 내 라이브 방송 후원금

왕홍에 도전한다면 라이브 방송의 후원금이 가장 먼저 수익이 발생한 부분이 될 것이다. 보통 MCN 회사와 계약되어 있는 왕홍은 일

주일에 5~6일 하루 2시간 이상의 방송 시간을 약속하고 계약하기 때문에 필수적으로 거의 매일 방송을 해야 한다. 이렇게 하면 잦은 소통으로 비교적 쉽게 팬들의 지지도가 두터워지고 팔로워도 금방 증가하기 때문이다. 하지만 나는 중국에 온 이유가 우선적으로 공부였기 때문에 매일 2시간 이상의 시간을 여기에 할애할 수 없었다. 그래도 시간을 투자하며 왕홍에 도전할 마음이 있었기에 일주일에 딱 2번 수요일과 금요일에 고정하여 방송하는 것으로 정했고, 방송 시간은 2~3시간이 아닌 딱 1시간으로 정해 놓았다.

▶ 콰이쇼우 페이지 소개란 하단에 고정된 방송 시간을 적어 놓았다.

콰이나 도우인에서는 가입하자마자 라이브 방송을 할 수 없다. 일정 수준 이상의 팔로워 수와 '좋아요' 수가 필요한데 보통 팔로워가 1,000명 이상이 되면 라이브 방송이 가능하다. 하지만 우리는 팔로워가 1,000명이 아닌 5만 명이 되었을 때 처음으로 라이브 방송을 진행하기로 했다. 팔로워가 1,000명을 돌파하고 바로 라이브 방송을 하지 않았던 이유는 라이브 방송을 들어오는 시청자 수가 보통 팔로워 수 대비 0.1% 정도이기 때문이었다. 팔로워가 100만 명이 있다고 하더라도 정작 라이브 방송에 들어오는 시청자는 1,000명 정도이다. 그렇기에 수천 명 정도의 팔로워를 가지고 방송을 진행한다면 왕홍과 팔로워 느낌보다는 서너 명이 모여 그저 친목을 도모하는 느낌이 들기 때문에 우리는 팔로워가 5만 명이 될 때까지 기다렸다. 그리고 5만 명이 된 후 첫 라이브 방송을 진행한날 250명 정도의 팔로워가 들어왔다.

▶ 첫 라이브 방송을 한 날. 우측 상단에 실시간 시청자 수가 나온다.

    페이지에 업로드되는 영상 콘텐츠들이 보통 칭화대학교를 소개하거나 한국의 문화나 음식을 알려 주는 콘텐츠가 많기 때문에 라이브 방송을 진행할 때도 편하게 앉아서 중국과 한국의 문화를 콘텐츠로 방송하였다. 생각보다 1시간은 금방 지나갔고 사람들은 재미있게 봐 주었다. 팔로워가 20만이 될 때까지는 시청자가 500~800명이 들어왔고, 1시간 방송에 1,000~1,200위안^{한화 20만 원} 정도의 후원금이 들어왔다. 40만이 넘는 지금은 시청자가 800~1,500명이 들어오고, 1시간 방송에 2,000~3,000위안^{한화 40~50만 원} 정도의 후원금이 들어온다. 그리고 이렇게 받는 후원금은 이미 세금과 플랫폼의 수수료가 원천징수된 금액이다. 플랫폼마다 세금을 포함한 수수료는 차이가 있다. 보통 30%가량의 세금에 플랫폼 수수료를 더하는데 내가 활동하는 콰이쇼우는 총 50%를 가져간다. 중국 내 플랫폼 중에서는 수수료가 적은 편이고 수수료가 높은 플랫폼은 70%를 가져가기도 한다.

두 번째 수익 구조 - 라이브 방송으로 소셜 커머스를 진행하며 받는 수입

팔로워가 20만이 넘어서부터 기업들로부터 광고 제의가 들어오기 시작했다. 보통 두 가지 방법으로 광고 제의가 들어오는데, 그중 하나는 라이브 방송으로 제품을 홍보하고 그 자리에서 바로 판매까지 연결시키는 방법이다. 쇼트 비디오 플랫폼들과 타오바오 라이브 방송은 방송 중 바로 구매가 가능하도록 되어 있다. 제품과 제품의 기능을 실시간으로 확인시켜 주면서 그 자리에서 클릭 두 번이면 구매가 가능하다.

광고와 판매를 의뢰한 회사 측에서는 왕홍에게 일정 금액의 광고비를 먼저 주는 것이 아니라 보통 상품이 판매된 후 총판매액의 20~30%의 커미션을 준다. 커미션이 조금 높다고 생각할 수도 있지만 왕홍이 해당 상품을 광고만 해주고 끝나는 것이 아니라 직접 판매까지 돕기 때문에 '광고+판매'로 비용을 생각한다면 충분히 합당한 가격이기에 대부분 중국 기업들과 왕홍은 이 정도의 퍼센트로 계약한다. 우리에게 광고와 판매 제안이 왔던 회사들도 역시 총판매액의 25% 커미션을 제안했다. 광고 상품으로 방송을 진행하는 날은 정해진 라이브 방송 날과 다른 날로 정하고 미리 공지한 뒤 역시 1시간 정도 라이브 방송을 한다. 화장품 회사들로부터 가장 많은 의뢰가 들어온다. 예를 들어 800명 정도가 들어오는 라이브 방송에서 100위안짜리 제품을 1시간 정도 소개하며 방송하면 150개 정도 판매가 된다. 그렇게 된다면 총판매액은 100위안×150=15,000위안이고, 받게 되는 커미션은 15,000위안의 25%인 3,750위안 한화 64만 원 이된다. 이렇게 라이브 방송을 통한 커머스 연결로 수익 구조가 생길 수 있다.

세 번째 수익 구조 - 콘텐츠 영상 안에 제품을 홍보해 주며 받는 광고료

두 번째 수익 구조는 판매되는 제품의 총량에 따라서 받는 수입이 정해지기 때문에 조금은 위험 부담이 있다. 하지만 세 번째 수익 구조인 콘텐츠 영상 안에 제품을 홍보해 주는 방법은 직접 제품의 판매까지 관여하지 않기 때문에 조금 수월하다. 광고를 의뢰한 회사에서 제품을 택배로 보내 주면 그것을 사용하며 영상을 찍어서 올려 광고를 하면 된다. 팔로워가 많아질수록 다양한 회사에서 정말 다양한 제품의 홍보를 의뢰한다.

이때 주의해야 할 것은 수익 때문에 들어오는 모든 제품을 광고하면 페이지의 정체성이 흐려질 수 있다. 그리고 의뢰가 오는 제품들 중 본인의 페이지에 올라갔을 때 이질감이 크지 않은 제품들 위주로 계약하여야 한다. 그리고 제품을 받고 바로 광고를 진행하는 것보다 그 제품을 실제로 며칠이라도 사용을 해보고 느낀 점과 함께 광고를 하면 훨씬 좋은 결과를 낼 수 있다. 팔로워가 20만 명이 된 이후부터 들어온 광고의 광고비는 보통 한 영상마다 2,000~4,000위안_{한화 35만 원~70만 원} 정도이다. 그리고 팔로워가 10만 명일 때, 20만 명일 때, 50만 명일 때, 100만 명일 때 들어오는 광고는 각기 다르다. 팔로워 수에 따라 의뢰하는 회사의 크기가 점점 더 커진다고 할 수 있다.

팔로워가 많아질수록 좀 더 크고 알려진 회사의 제품 의뢰가 들어오고 이러한 제품을 광고할수록 페이지의 신뢰도가 높아지기 때문에 팔로워가 50만 명이 된 요즘은 광고를 통한 수익 창출을 좀 더 신중하게 선택해서 진행하고 있다. 이렇게 50만 팔로워를 가진 한국 유학생 왕홍은 위의 3가지 수익 구조를 통해 수익을 창출하고 있다.

14
팔로워 분석으로 커머스를 성공한다

　활동을 시작하고 광고 제안은 생각보다 빨리 받았다. 팔로워 수가 5만 명이 넘었을 때부터 다양한 종류의 상품 광고 제안이 들어왔다. 실제로 중국에서는 매일매일 수많은 회사가 수많은 신제품을 생산해 낸다. 그뿐만 아니라 기존의 존재하던 회사들 이외에 매일 수천 건의 창업 또한 이루어진다. 그 때문에 이러한 다양한 회사들의 다양한 상품들은 각기 다른 마케팅을 필요로 한다. 즉 각기 다른 왕홍 마케팅을 필요로 한다는 뜻이다. 그렇기에 팔로워가 5만 명뿐인 크리에이터에게도 광고 제안이 들어오는 것이다.

　광고가 들어와서 커머스가 연결되는 이 순간부터가 중요하다. 단순히 광고가 들어와서 기뻐하며 광고에 응하는 것이 아니라 내가 실제로 이 상품이나 서비스를 홍보 광고하였을 때 실제로 어느 정도 판매할 수 있는지를 고려해야 한다. 고려한 결과 광고 의뢰받은 상품을 내가 판매할 수 있는 역량이 충분하다고 느끼고 진행하여 처음 진행하는 커머스의 결과가 좋다면 금방 다른 광고가 연결될 것이고, 의뢰한 광고주와 진행하는 본인 모두가 만족할 수 있을 것이다. 그렇다면 팔로워 분석은 어떻게 하는 것일까. 앞서 '왕홍 경제' 부분에서도 다뤘던 애플리케이션 자체 기능을 활용하면 된다.

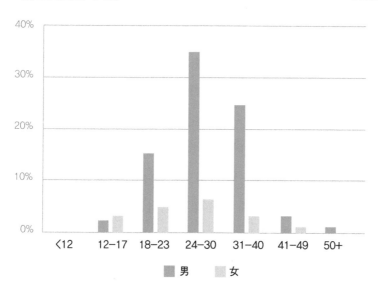

粉丝性别年龄 06.17 更新

▶ 애플리케이션 내에 있는 성비, 연령 분석표

애플리케이션 내에 있는 분석 기능들 중 두 가지 기능을 집중해서 보아야 한다. 먼저 팔로워들의 성비와 나이 분석표이다. 팔로워가 수백만 이상이라면 작은 퍼센트를 갖는 성별과 나이대에도 많은 영향을 끼칠 수 있겠지만 아직 수만, 수십만의 팔로워를 가지고 있다면 커머스를 진행할 때 본인의 팔로워 층이 어떤 나이대가 주를 이루고있고 여자와 남자의 비율은 어떠한지 확인하여야 한다.

위에 나와 있는 30만 명 정도의 팔로워를 가진 여성 왕홍의 분석 표를 보며 생각해 보자. 먼저 남성 팔로워의 비율이 압도적으로 많은 것을 볼 수 있다. 그리고 그중에서도 24~30세, 31~40세까지의 팔로워 비중이 총 팔로워 수의 60% 이상을 차지하고 있는 것을 볼 수 있다. 18~23세의 비중도 15% 정도로 적지는 않지만 커머스를 진행할 때 크게 집중하지 않아도 되는 비중이다. 왜냐하면, 12~23세까지의 팔로워들과는 달리 60% 비중을 차지하고 있는 24~40세 연령대는 충분한 구매력을 가지고 있기 때문이다. 이렇게 분석표를 보며 나의 팔로워층 중 실제 구매력이 있는 팔로워 층의 비율이 어느 정도이고 또 성비를 따지며 그에 적합한 커머스를 진행하여야 한다. 위의 왕홍과 같은 경우 남성 화장품이나 전자기기, IT 제품 등으로 커머스를 연결한다면 꽤 좋은 성적을 거둘 수 있을것이다.

그렇다면 남자 팔로워들이 많기 때문에 무조건 남성 관련된 상품이나 서비스를 광고할 수밖에 없을까? 그것은 절대 아니다. 이때 왕홍의 커머스 능력이 나타나는데, 여성 화장품 커머스를 진행할 때 화장품의 효능만 계속 설명하는 것보다는 이 영상이나 방송을 볼 주 대상이 남성이란 것을 인지하고 여성용 화장품을 선물용으로 좋은 상품이라고 광고한다면 좋은 결과를 얻을 수 있다. 그러면 남녀 구별 없이 더욱 다양한 상품들의 커머스를 진행할 수 있을 것이다.

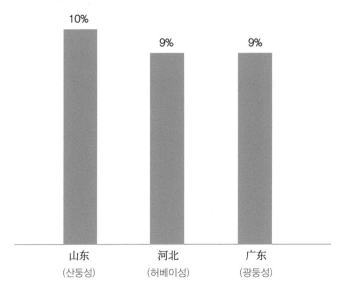

粉丝地区分布TOP3

山东 (산둥성)	河北 (허베이성)	广东 (광둥성)
10%	9%	9%

▶ 애플리케이션 내에 있는 지역별 팔로워 분석표

    커머스 연결 시 집중해서 보아야 할 다른 한 가지는 지역별 팔로워 분석표이다. 중국은 14억 인구가 정말 고루 분포되어 있고, 그 분포되어 있는 땅은 정말 크기 때문에 지역별 팔로워 분석을 꼭 해야 한다. 물론 중국 전역으로 택배 시스템이 잘 되어 있기 때문에 배송이 가능한 상품들은 상관없이 진행할 수 있지만, 지정된 장소가 있는 매장, 플래그십 스토어, 특정 지역 체인점 홍보를 원하는 식당 같은 경우 나의 팔로워들의 지역 분포가 어느 도시에 가장 많은지 확인하여야 한다.

왕홍이 커머스를 진행하면서부터 그 페이지가 왕홍이 하나의 브랜드이자 광고회사가 되는 것이기 때문에 '계약금 받았으니까 홍보한 번 해주고 결과는 나랑 상관없는 일이야'라는 생각보다는 본인의 이름을 걸고 커머스를 진행하는 하나하나의 제품에 정성을 다하고 그 결과에까지 신경 쓴다면 분명히 많은 기업이 찾는 왕홍이 될수 있을 것이다.

15

콰이快手가 선택한 한국인

왕홍 프로젝트를 진행한 지 반년, 중국의 명문대와 한국인을 콘텐츠로 정했던 우리의 방법은 현지 시장에 잘 들어맞았다. 신문에도 보도되었고 관련 인터뷰도 몇 차례 진행하였다. 이중에서 가장 인상 깊은 일은 콰이 본사와의 연결이었다. 매월 순 이용자 2억 명, 그리고 방송인 수백만 명이 모여 있는 콰이에서 팔로워가 50만 명뿐인 한국인 유학생을 주목한 것이다. 처음 콰이 운영진과 연결이 되었을 때는 조금 의심스럽기까지 했다. 왜냐면 콰이는 수백만 팔로워를 지닌 왕홍들과 심지어 수천만 명의 팔로워를 지닌 왕홍들도 상당수 지닌 플랫폼이었기 때문이다.

하지만 플랫폼 내에서 공지나 알림 등이 오던 콰이 공식 계정에서 메시지가 왔기 때문에 일단 안심하고 운영진과 대화를 했다. 콰이 운영진은 콰이 본사에서 우리의 콘텐츠를 재미있게 보고 있으며, 앞으로도 관심을 가지고 주목하겠다며 지속적인 활동을 부탁했다. 그리고 우리의 계정 페이지, 콘텐츠 등을 전담으로 관리해줄 직원을 배치해 주었다. 전담 직원은 업로드되는 콘텐츠 영상마다 간혹 있는 오타를 수정해 주고 적절한 해시태그를 달아주기도 했다.

중국의 특정한 기념일이나 꼭 다뤘으면 좋은 콘텐츠도 미리 추천해 주면서 페이지가 더욱더 성장할 수 있도록 도와주었다. 또 활동 중 플랫폼 내에서 콘텐츠 업로드에 문제가 생겼을 때에도 금방 해결해 주며 어떠한 문제들 때문에 영상이 업로드되지 않았는지 구체적으로 설명해 주었다.

그리고 2019년 6월 두 가지의 재미있는 경험을 하였다.

첫 번째 - 본사 초청 인터뷰를 진행하였다.

콰이 플랫폼에는 다양한 본사 운영 채널이 있다. 그중 콰이 이야기快手故事 페이지는, 왕홍들을 초청하여 인터뷰를 하고 그 인터뷰 내용을 콘텐츠로 업로드하는 페이지이다. 보통 유명한 왕홍들이 인터뷰를 진행하곤 해서 우리 역시 그 페이지를 팔로워하고 있던 어느 날 콰이 이야기快手故事 측에서 베이징 본사로 와서 인터뷰를 해줄 수 있냐는 요청을 받았다. 수백만 팔로워, 수천만 팔로워를 가진 왕홍들이 인터뷰하는 페이지였기 때문에 조금은 부담스러웠지만 그래도 기쁜 마음으로 응했다. 이미 칭화대학 수업 과정 중에 콰이 본사를 방문할 기회가 있어서 첫 방문은 아니었지만, 처음 방문했을 때에는 내가 콰이에서 활동한다는 사실을 밝히지 않았기때문에 이번에 왕홍의 자격으로 본사를 다시 방문하는 것은 꽤 색다른 느낌으로 다가왔다.

▶ 콰이의 초청을 받아 콰이 본사에서 인터뷰하였다.

방문 전 인터뷰 질문 20개가 담긴 파일을 먼저 받았다. 인터뷰 일정은 먼저 전화로 사전 인터뷰를 하고, 본사에 도착해서 또 한번 인터뷰를 하였고, 그후 본사 콰이 이야기 快手故事 계정으로 라이브 방송을 30~60분 정도 진행한 뒤 마지막 정식 인터뷰 촬영을 진행하였다. 인터뷰의 질문지를 통해서 콰이가 한국인 크리에이터에게 어떤 점을 흥미롭게 보고 있고 또 앞으로 바라는 활동 방향을 예측할 수 있었다. 콰이 본사의 운영진은 칭화대에서 공부하는 한국인으로 콘텐츠 활동을 하며 생긴 '공부하는 왕홍'의 이미지를 좋아했다.

콰이는 2019년 6월, 창립 8주년을 맞이했다. 매년 진행되는 행사 형식과 달리 이번 8주년 행사에는 처음으로 임직원들뿐 아니라 콰이에서 활동 중인 왕홍을 초청해서 함께 진행하였다. 그리고 나는 3명의 왕홍을 초청하는 행사 자리에 감사하게도 3명 중 1명의 왕홍으로 초대받았다.

▶ 콰이 8주년 행사에 초대받은 왕홍들과 함께

함께한 왕홍들은 엄청난 팔로워 수를 가진 왕홍들이었다. 남자 왕홍 황원위黃文煜는 92년생으로 활동한 지 거의 8년이 되어 가는 유명 왕홍이었다. 중국 왕홍 시장의 초창기 활동 무대였고 지금도 가장

팔로워를 올리기 힘든 플랫폼인 웨이보微博에서 팔로워가 무려 560
만 명을 보유한 왕홍이다. 일상 패션 등을 콘텐츠로 활동 하고 있는
데, 이야기를 나눠 본 뒤 알게 된 사실은 MCN 회사 없이 자신이 운
영을 담당한다고 했다. 그래서 광고나 커머스를 진행한 이후부터는
직원들을 고용하여 함께 일하며 자신을 브랜드로 크리에이터이자
동시에CEO로 활동하고 있다고 했다.

함께한 다른 여자 왕홍은 2000년생의 어린 나이지만 콰이에서 팔
로워를 1,000만 명이나 보유한 왕홍이었다. 기타를 치고 노래를 주
콘텐츠로 활동 하며 콰이 플랫폼 안에있는 마켓에서 악기와 의류로
활발하게 커머스 또한 진행 중인 어리지만 대단한 친구다.

이 친구들에 비하면 나는 겨우 50만 팔로워를 지닌 이제 막 활동
을 시작한 지 6개월밖에 안 된 외국인이다. 하지만 콰이 본사에서는
플랫폼에서 활동하는 왕홍들이 더욱 다양한 콘텐츠와 폭넓은 직업
군을 포괄하기를 원하며 CEO를 비롯한 임직원들이 모이는 중요한
행사 자리에 나를 초청해 주었다. 이 행사에서 두 가지의 미션을 받
았는데, 하나는 나에 대한 소개와 플랫폼에서의 활동 내용을 10분
정도 PPT로 발표를 부탁받았고, 다른 하나는 지난해의 우수 직원으
로 선정된 직원들의 시상을 부탁받았다.

▶ 외국인 왕홍으로 콰이 8주년 행사에 초청받아 발표를 하였다.

　이러한 중요한 자리에 초대받아 앞에서 마이크를 잡고 말을 한다
는 것이 조금은 부담스러웠다. 그렇지만 이러한 초청 덕분에 우리
가 여태까지 도전하며 달려온 길이 헛되지 않았음을 다시 한 번 깨
닫는 자리였다. 10분동안 나의 소개, 왜 콰이플랫폼을 선택했는지,
콰이 플랫폼에서 어떤 성장 과정을 이뤘는지, 앞으로의 목적과 비
전 등을 발표하였다.

　그리고 어디선가 말할 기회가 온다면 꼭 말하고 싶었던 내용인 플
랫폼에서 생긴 영향력을 통하여 한중 관계에 필요한 민간 외교관
역할을 하면서 중국인에게는 한국과 한국문화를 알리고, 한국에는
신문 보도에서는 다뤄지지 않는 중국의 다양한 모습들을 전하고 싶
다고 했다. 그리고 공익성 있는 콘텐츠를 진행하여 미디어의 영향
력을 통해 팔로워들에게 그리고 나의 콘텐츠를 접하는 사람들에게
선한 영향력을 주고 싶다고 발표하였다.

　　　　　　　　　　　　　　　　　　　　　　　4장. 왕홍 프로젝트!

16

MCN 회사들의 프로포즈

팔로워가 30만 명이 넘어서부터 여러 MCN multi channel network 회사에서 연락이 오기 시작했다. 먼저 중국 MCN 회사들이었다 . 페이지에 있는 메시지를 통해서 연락이 왔다. 본인들의 회사 이름 그리고 현재 데리고 있는 대표 왕홍의 이름과 왕홍의 팔로워 수를 말하며 연락이 왔다. 연락의 목적은 나를 MCN 회사의 크리에이터로 스카우트 하고 싶다는 것이었다. 연락이 온 회사들 중 중국에서 활동하는 한국 크리에이터들을 모집하는 한국 회사도 있었다. 중국에서 사업을 하고 싶어 하는 한국 기업을 고객으로 한국인 왕홍을 앞세워 사업을 진행한다고 했다. 이러한 제안이 격주로 올 정도로 지금 중국의 MCN 회사들은 한국인 왕홍을 필요로 하고 있다.

안녕하세요, 저는 ███████라는 MCN 회사 ███████입니다. 저희는 국내 및 중국 크리에이터분들을 모시고 중국 시장에 진출하여 활동하는 것을 주력으로 하는 회사입니다. 지금은 중국 파트너사와 함께 도우인/콰이 내 왕홍 커머스 사업을 집중적으로 진행하고 있습니다. 현재 도우인에서 약 500만 팔로워를 보유하고 있는 ███████ ███████ 크리에이터님의 소속 사이기도 합니다. 함께 활동하고 싶은 크리에이터 분들을 찾던 중에 크리에이터님의 콘텐츠를 보고 이렇게 실례를 무릅쓰고 연락 드립니다. 이미 플랫폼에서 활동하고 계시지만 함께 활동한다면 더 좋은 시너지가 날 것이라고 생각합니다!

▶ 한국인 왕홍들과 중국 관련 사업을 하는 한국 MCN 회사에서 보내온 메시지

MCN 회사의 소속이 다음과 같은 좋은 점들이 많다.

1. 쉽게 팔로워를 모을 수 있다.

이미 운영 중인 MCN 회사라 한다면 회사를 대표하는 대표 왕홍이 있을 것이다. 팔로워가 수백만인 이러한 왕홍의 계정을 이용하여 새로운 크리에이터를 키우는 일은 아주 쉽다. 대표 왕홍의 영상에 새로운 크리에이터를 참여시키는 방법도 있고, 해시태그를 통해 직접적인 홍보를 해줄 수도 있다. 대표 왕홍의 팬들이 새로운 크리에이터를 팔로워하고, 게시물을 시청하고, '좋아요'를 누른다면 신

생 페이지이지만 금방 여러 사람에게 노출됨으로써 단기간에 많은 팔로워를 모을 수 있다.

2. 콘텐츠 제작을 쉽게 할 수 있다.

MCN 회사 소속으로 콘텐츠를 제작한다면 비교적 쉽게 콘텐츠 제작을 진행할 수 있다. 촬영팀이 있기 때문에 본인이 직접 카메라로 촬영을 하지 않아도 되고, 콘텐츠를 결정해 주는 팀, 결정된 콘텐츠 진행을 위해 준비해 주는 팀이 있어서 본인은 배우처럼 맡은 역할에만 집중하면 된다. 촬영 작업을 끝내고도 직접 자막 작업을 하지 않아도, 영상 편집을 하지 않아도 되기 때문에 꽤 수월하게 왕홍의 역할을 할 수 있다. 실제로 처음 시작하는 과정에서 이 모든 것을 혼자 진행한다면 정말 많은 시간이 투여되어야 한다. 그렇기에 이렇게 분업화되어 콘텐츠를 기획 · 제작 · 촬영 · 편집 과정을 진행하는 것이 MCN 회사와 함께했을 때 누릴 수 있는 가장 큰 장점이다.

3. 소셜 커머스를 진행할 때 안전하게 진행할 수 있다.

팔로워가 많이 생기고 광고 의뢰가 들어오기 시작한다면, 이제 광고 계약을 해야 한다. 이때 만약 MCN 회사 소속이 아닌 혼자서 계약을 해야 한다면 계약을 할 회사가 어떤 회사이고 어느 정도의 규모를 갖췄으며 대중에게 어떤 이미지를 가지고 있는지를 파악하여야 하는데, 이를 아는 방법은 인터넷을 통해 찾거나 주변 중국인 친구들에게 묻는 정도일 것이다. 하지만 MCN 회사의 소속이 되어 커머스를 진행하게 되면, 중국 현지 미디어와 유통시장에 전문화된 회사 측에서 판단하여 왕홍의 이미지에 득이 됨과 동시에 좋은 수익까지 이어질 수 있는 회사와 연결해 준다.

4. 일정 수준 이상의 수익을 보장해 준다.

왕홍에 도전하려는 사람이나 이제 막 왕홍이 된 사람들이 MCN 회사와 계약을 고민할 때 가장 매력적으로 다가오는 계약 부분은 바로 일정 수준 이상의 수익 보장이다. 지인으로 지내는 왕홍 중 팔로워가 100만 명인 외국인 왕홍이 있다. 이 외국인 왕홍은 팔로워가 30만 명일 때 왕홍 회사와 계약을 하였고, 수익 보장 계약 조건으로 2시간 이상씩 일주일에 6번의 라이브 방송을 하면 3만 위안^한 ^{화 510만 원}의 수익을 보장해 준다고 하였다. 외국인으로 중국에서 생활을 하며 아무 수익 없이 언젠가 될 왕홍을 기다리는 것은 힘든 일이기에 이러한 MCN 회사들과 계약하면 초반 활동에 큰 원동력이 될 수 있다.

만약 누군가 왕홍을 꿈으로 중국에 왔고 빠른 시일 내에 왕홍이 되고자 한다면 MCN 회사와 계약을 적극 추천한다. 그리고 중국에서 규모가 있는 MCN 회사에서 스카우트 제의가 온다면 바로 계약을 하는 것이 맞다. 하지만 나는 왕홍이 되고자 하는 친구들과 조금 다른 이유로 스카우트 제안을 한 어느 회사와도 계약을 하지 않기로 결정했다. 그 이유는 급하지 않았기 때문이다. 왕홍에 도전하고 짧은 기간에 많은 팔로워 수를 얻는 것도 좋지만 지금 중국 대학교에서 하고 싶은 공부를 하며 제대로 중국이란 나라와 중국 미디어에 대해 알아가면서 천천히 우리 팀의 노력으로 팔로워를 늘려가는 것도 충분하다고 느꼈다. 그리고 두 명뿐인 우리 팀은 학업과 사업, 중국에서 각자가 해야 할 일도 소홀히 하면 안 되기 때문에 시간을 할애할 수 있는 최대한의 노력을 하며 이 프로젝트를 진행하고 있다. 큰 MCN 회사가 뒤에 없는 대신 정말 열심히 영상 콘텐츠를 촬영하여 꾸준하게 업로드하고 있고, 일주일에 2번 정해진 시간에 1시간씩 라이브 방송을 통해서 팔로워들과 소통하고 있다.

초반에는 팔로워들이 MCN 회사에 소속된 왕홍들처럼 매일 방송하기를 원하기도 했지만, 이제는 팔로워들이 나에 대한 상황적인 것들을 알고 이해하고 있기 때문에 요즘은 방송을 시작하고 1시간이 지나면 "时间羽瞩 鲠锩学习吧! 시간 다 됐어 빨리 공부하러 가!"라고 말하며 나의 왕홍 활동을 지지해 주면서, 또한 나의 학업생활도 응원해 준다. 나는 이러한 팔로워들이 있는 것을 정말 감사하게 생각하고 있다. 만약 내가 MCN 회사와의 계약으로 매일 2~3시간씩 라이브 방송을 해야 했다면 방송을 하고 팔로워들과 연결되는 일이 숙제처럼 느껴졌을 것이다. 그렇게 된다면 이 도전이 즐겁지 않은 일이 돼버릴 수도 있다. 그래서 지금의 방식이 좋고 도전하고 있는 과정이 정말 즐겁다!

5

▶

중국의
쇼트 비디오[短视频]
플랫폼 분석

미디어 시장에서 쇼트 비디오 플랫폼의 영역이 점점 더 커지고 있고, 중국은 지금 전 세계 쇼트 비디오 시장을 주도해 나가고 있다. 왕훙들의 활동 무대 역시 젊은 층의 이용자들을 수억 명씩 확보하고 있는 쇼트 비디오로 바뀌고 있다. 틱톡抖音, 콰이快手 등의 중국 기업들은 콘텐츠를 올리기 위해 필요한 모든 기능을 포함한 단 하나의 애플리케이션을 만드는 것을 목표로 삼으며 더욱더 다양한 기술들을 애플리케이션에 추가하며 쇼트 비디오 시장에서 독보적으로 선두를 지키고 있다. 현재 중국 왕훙들의 주 활동 무대인 틱톡抖音, 콰이快手를 포함한 다양한 중국의 쇼트 비디오 플랫폼에 대해서 알아보자.

1
중국 시장의 반격

    한중 수교 이후 한국과 중국은 떼려야 뗄 수 없는 관계가 되었다. 그리고 2000년대 이후 역사적 이유로 일본에 대해 좋지 않은 이미지를 가진 중국인들에게 한류 열풍이 불면서 중국인들의 인식 속에는 한국과 한국인에 대한 아주 좋은 이미지들이 생기기 시작했다. 물론 우리나라의 많은 기업이 한중 수교 이후 중국에 대거 진출하여 좋은 성과를 낸 측면도 있다. 그 결과 한국 제품, 한국인, 한국에 대한 좋은 이미지는 곧바로 한국에 관련된 모든 회사들에 연결되어 높은 수익을 창출할 수 있도록 도와주었다.

    한국의 가전제품, 반도체, 자동차, 핸드폰을 사용하는 중국인들은 한국 제품은 기술력이 좋고 디자인 또한 훌륭하다고 생각하고, 한류를 경험한 중국 젊은 층은 한국인들은 디테일하고 세련되어 있다고 생각한다. 이러한 인식 속에 2000년도 이후 많은 한국 기업, 한국인들은 중국에서 비즈니스를 할 때 한국인이기 때문에 많은 혜택을 보았고 실제로 한국에서 성공한 사업 아이템을 가지고 중국에 가면 높은 확률로 성공하였다. 왜냐면 이미 한국인들에게 인정받은 사업 아이템이기 때문에 우리보다 발전이 느린 중국과의 경제적 시

차를 이용하면 중국에서 한국인이 비즈니스를 하기 아주 수월했다. 한국 음식을 파는 음식점들 또한 쉽게 망하지 않고 인기를 끌었다.

하지만 이러한 추세는 여러 이유로 많이 사라지기 시작했다. 그중 가장 큰 이유는 중국의 급격한 경제 성장이다. 중국은 매년 7% 이상의 급격한 경제 성장을 거듭했고 중국의 내수 시장 또한 아주 탄탄하게 성장하였다. 한국 기업만이 할 수 있던 일들을 이제는 중국 기업도 할 수 있게 될 만큼 기술력이 생겼다. 많은 것이 모방에서 시작되었지만 그 모방으로 한국 제품이 가지고 있던 장점에 가격까지 저렴한 중국산 제품들이 나오기 시작했다. 한국의 가전제품을 대신할 하이어, 메이더, 샤오미 같은 회사가 등장했고, 한국의 핸드폰을 대신할 화웨이, 오포, 비보 같은 회사가 등장했다.

이외에도 중국 내에서 한국이 주도하던 수많은 사업의 주도권이 중국 기업으로 넘어갔다. 이를 넘어서 최근에는 중국에서 성공을 이룬 중국 기업들이 이제는 한국으로 진출하기 시작했다. 정확히 말하면 중국에서 성공한 중국 기업들이 아시아 전역에 진출하기 시작했다. 요식업, 공유 자전거, 블록체인처럼 눈에 드러나는 사업들도 많은 진출을 했고 또 중국의 자본력과 기술력으로 한국 회사와 합작해 만든 회사들도 많아졌다. 그중 우리가 지금 다루고 있는 왕홍들의 주된 플랫폼도 포함되어 있다. 대표적으로는 중국의 쇼트 비디오 플랫폼인 콰이쇼우 快手가 2017년 콰이 kwai 라는 이름으로 한국에 진출하였다. 더빙 App이란 느낌으로 선풍적인 인기를 끌었고 많은 연예인들이 콰이 kwai 앱을 통해 드라마 더빙과 다양한 더빙 영

상 쇼트 비디오를 촬영하면서 더욱 유명해졌다. 그리고 도우인抖音
역시 틱톡Tiktok이란 이름으로 전 세계로 진출하면서 한국에도 진출
하였다.

▶ 한국에 진출한 중국의 쇼트 비디오 대표 주자 콰이쇼우(快手)와 틱톡(TikTok)

틱톡은 지금 전 세계의 월간 이용자가 5억 명에 이르고 한국에서
도 10~20대 사이에서 쇼트 비디오 플랫폼으로 인기를 끌고 있다.
틱톡이 한국에 처음 등장했을 때 다양한 방법으로 지나친 광고를
하여 한국인들에게는 조금 좋지 않은 시선이 있지만, 2018년 1분기
앱스토어 다운로드 수가 유튜브를 제치며 유럽 국가를 포함한 전
세계 젊은 층을 사로잡았다. 이러한 전 세계적 쇼트 비디오 열풍에
이제는 페이스북도 라쏘Lasso라는 플랫폼을 출시하며 쇼트 비디오
시장에 뛰어들었다. 하지만 페이스북의 라쏘는 세계 언론들이 '페
이스북, 틱톡 스타일의 쇼트 클립 애플리케이션 라쏘 출시'라며 틱
톡을 모방했다는 질타를 받고 있고, 한국에서는 '틱톡을 베낀 페이
스북의 라쏘 조용히 출시'라며 좀 더 노골적으로 페이스북의 모방
을 비판했다. 늘 모방과 짝퉁만을 만들던 중국의 미디어 시장이 현
재 전 세계의 쇼트 비디오 시장을 이끄는 선두주자가 된 것이다.

2

쇼트 비디오의 인기 이유

    중국에는 다양한 SNS, 미디어 플랫폼이 존재하지만 유독 쇼트 비디오가 미디어 시장 중에 강세를 보인다. 다양한 이유가 있지만 그중 3가지 이유를 뽑아 봤다.

첫 번째 - 기존 미디어들과는 다른 쉬운 사용법

    중국에서 만든 저렴한 스마트폰의 증가로 스마트폰 보급률은 70%까지 올랐다고 하지만, 70%의 스마트폰 이용자들이 손쉽게 스마트폰을 사용할 수 있을 거라고 장담할 수 없다. 중국은 아직도 15세 이상 문맹률이 5%인 나라이고, 각 지역의 빈부 격차만큼 교육 격차도 심한 나라이기 때문이다. 이러한 상황들이 있기에 중국 미디어 시장은 미디어 플랫폼의 진입장벽을 낮추어야 한다는 숙제가 늘 있었다. 먼저 쇼트 비디오 플랫폼들은 먼저 앱의 사용법을 아주 손쉽게 만들었다. 애플리케이션을 클릭한 뒤 각 기능들의 접근 방법을 한 번의 클릭으로 가능하게 하여서 스마트폰에 익숙지 않은 사람도 충분히 이용할 수 있을 만큼 간단하게 만들었다. 그리고 사람들이 평상시에 핸드폰을 사용하는 방식대로 영상을 세로 화면으로 제공하였다. 작은 차이지만 이 차이 때문에 쇼트 비디오 플랫폼에 30, 40대 이상의 이용자들이 급증하며 전 세대를 아우르는 플랫폼이 되었다.

두 번째 - 모든 기능이 담긴 하나의 애플리케이션

일반적으로 '영상 제작'이라고 했을 때 관련 직종이 아닌 사람들에게는 무언가 전문적이고 어려운 컴퓨터 작업을 해야 할 것 같은 느낌이 든다. 하지만 중국의 쇼트 비디오 회사들은 영상 촬영부터 제작까지의 필요한 모든 기능을 애플리케이션 하나에 담으면서 플랫폼 이용자 모두가 쉽게 영상을 만들 수 있게 하였다. 애플리케이션 하나만 활용하면 누구나 촬영, 영상 편집 , 특수 효과, 음향, 자막 등의 작업을 할 수 있도록 하여 애플리케이션의 이용자들을 단순히 어플을 통해서 영상을 보기만 하는 시청자에서 앱을 활용해 자신의 영상을 만들어 업로드하는 창작자로 만든 것이다. 이 때문에 플랫폼의 시청자임과 동시에 창작자가 된 이용자들은 다른 미디어 플랫폼에서보다 더 오랫동안 쇼트 비디오 플랫폼을 즐기며 이용하게 된다.

세 번째 - 기존 SNS들과 다른 사용자 중심의 플랫폼

쇼트 비디오 플랫폼들은 개인의 취향에 맞춰서 무수한 영상들을 끊임없이 제공한다. 그러기에 쇼트 비디오임에도 불구하고 플랫폼 총 이용 시간은 기존 미디어 플랫폼들보다 높다. 'Social Networking Service', 즉 사회 관계망 서비스는 말 그대로 이용자가 구축한 작은 사회 속 관계들에 초점을 맞추며 서비스를 제공하는 것이다. 친구들과의 연결을 통해 더 넓은 세계로 관계를 넓힐 수 있는 장점이 있지만 중국의 쇼트 비디오 플랫폼들은 이 SNS의 기존 틀을 무시하였다. 사용자와 사용자의 친구들이 아닌 오직 사용자에게만 초점을 맞춰 영상을 제공하는 사용자 중심의 서비스를 제공하였다. 뉴욕타임스는 'How TikTok is Rewriting the World'라는 기사에서 틱톡TikTok의 사용자 취향 중심 콘텐츠 노출과 자발적 소비 확산에 중점을 두는 새로운 틀을 틱톡의 세계적 성공 비결로 꼽았다.

3
우버를 이긴 세계 1등 유니콘 기업

    왕훙들의 주 무대는 일반 미디어 플랫폼에서 라이브 방송 플랫폼으로 그리고 현재 쇼트 비디오 플랫폼으로 이동 중이다. 쇼트 비디오 플랫폼하면 가장 먼저 떠오르는 기업은 당연 틱톡_{TikTok}이다. 전세계는 쇼트 비디오 미디어 시장은 지금 틱톡이 선두를 지키며 독보적으로 달리고 있다. 이러한 틱톡을 만든 기업은 중국의 '바이트댄스'이다. 상장되지 않은 스타트업 기업 중 기업의 가치가 10억 달러_{1조 원}를 넘는 회사들을 지칭하는 유니콘 기업은 주로 미국에서 많이 생겨났다. 하지만 거대한 내수 시장을 가진 중국 기업이 빠르게 성장하며 중국의 많은 스타트업 기업들이 유니콘 기업 반열에 오르기 시작했고, 2010년부터 샤오미, 디디추싱_{차량}을 비롯한 다양한 중국의 기업들이 세계 유니콘 기업 순위권 top10에 자리할 만큼 성장하였다. 그리고 2018년 틱톡의 바이트댄스가 전 세계 유니콘 기업 순위에서 오랫동안 1등을 유지하고 있던 우버를 제치고 1등이 되었다.

순위	기업명	국사/사업	기업가치 (달러)
1	바이트댄스	중국/미디어	750억
2	우버	미국/차량 공유	720억
3	디디추싱	중국/차량 공유	560억
4	에어비엔비	미국/숙박 공유	293억
5	스페이스X	미국/우주 로켓	215억
6	스트라이프	미국/핀테크	200억
7	팰런티어 테크놀로지스	미국/ 소프트웨어	200억
8	위워크	미국/사무실 공유	200억
9	루닷컴	중국/핀테크	185억
10	줄랩스	미국/전자담배	150억

▶ 2018년 세계 유니콘 기업 순위 (출처-CB인사이츠)

바이트댄스의 대표 사업으로는 인공지능AI 기반의 뉴스 서비스 플랫폼인 진르토우티아오 今日头条와 쇼트 비디오 플랫폼인 틱톡이 있다. 바이트댄스는 인공지능AI이라는 무기를 가지고 다른 플랫폼들과의 차별화를 뒀고, 내수 시장만을 공략하던 진르토우티아오 今日头条와 달리 2016년 출시된 쇼트 비디오 플랫폼 틱톡은 아시아, 미국, 유럽 시장까지 진출에 성공하며 바이트댄스의 기업 가치를 세계 1위로 이끌었다.

또한, 틱톡은 2018년 전 세계 애플 앱스토어와 구글 플레이스토어에서 유튜브와 인스타그램, 페이스북을 재치고 분기별 다운로드 수 1위를 차지했다. 실제 이용자 현황을 보여 주는 다운로드 수 1위

5장. 세계시장을 이끄는 중국의 쇼트비디오 플랫폼 비교분석

로 틱톡의 전 세계적인 인기를 다시 한 번 확인할 수 있었다. 이렇게 크게 성장한 기업인 만큼 지금 쇼트 비디오 플랫폼에는 중국의 핵심 인재들이 모여 있다. 미디어 관련된 사업을 하는 플랫폼들은 겉으로는 단순해 보이지만 AI, 빅데이터, 마케팅, 경제, 미디어, 디자인 등 많은 사업이 세분화되어 나뉘어 있고, 각 분야에 중국의 젊은 인재들을 모으고 있다. 틱톡의 바이트댄스는 전 세계 4만 명의 직원이 일 하고 있다.

중국의 대표적 기업인 알리바바가 3만 명이 안 되는 직원 수를 가지고 있으니 중국 플랫폼 회사의 직원 수가 비교적 많은 것을 알 수 있다. 이렇게 많은 직원이 있는 이유는 중국의 미디어 플랫폼들은 단순히 영상만을 재생하는 플랫폼의 모습을 추구하지 않기 때문이다. 하나의 미디어 플랫폼을 통하여서 영상, 교육, 사업, 커머스, 사물인터넷 등의 생활 전반적인 서비스 제공을 목표로 하고 있기에 각 사업 분야별로 다양한 중국과 세계의 인재들을 채용하고 있다. 미디어를 통한 융합 시대를 이끌어 가기 위해 많은 재투자를 하고 있고 또 일반 회사들보다 높은 임금을 지급하고 있어서 능력 있는 젊은이들은 미디어 회사로의 취업을 원하고 있다.

4
나에게 가장 적합한 플랫폼을 찾자

　중국은 쇼트 비디오 열풍에 점점 더 많은 쇼트 비디오 플랫폼들이 생겨나고 있다. 3년 전만 하더라도 모든 쇼트 비디오 플랫폼들이 비슷한 서비스를 제공했지만, 최근 생겨난 쇼트 비디오 플랫폼들은 기존 플랫폼들과 다른 경쟁력을 갖추기 위해 자신들만의 서비스 콘셉트를 명확히 정하였다.

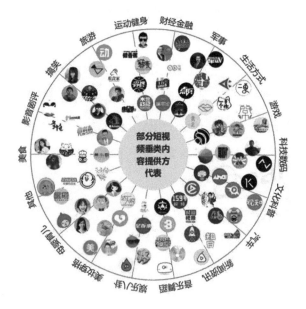

▶ 다양한 플랫폼의 성격에 따라 생겨난 신생 플랫폼들 (출처-baidu)

한국의 '무한도전'처럼 웃음을 주는 플랫폼, '6시 내고향'처럼 각 도시의 분위기를 정겹게 다루는 플랫폼, 'Esports 채널'처럼 온라인 게임을 집중적으로 다루는 플랫폼 등 현재 중국 내에는 120개가 넘는 다양한 쇼트 비디오 플랫폼이 존재한다. 왕홍에 도전하고자 할 때 플랫폼 선택은 아주 중요하다. 비슷한 종류의 플랫폼이더라도 플랫폼마다 성격이 확연히 다르기 때문에 무조건 가장 이용자가 많은 플랫폼을 고집하는 것보다 플랫폼들의 성격을 이해하여 본인이 이후에 정말 수십만, 수백만 명의 팔로워를 지닌 왕홍이 되었을 때를 상정하고, 본인이 그리고자 하는 이미지와 부합하는 플랫폼을 선택하여야 한다. 어느 플랫폼에서 활동하는지가 그 왕홍의 이미지를 어느 정도 설명해 주기 때문이다.

그리고 선택 전 주변의 중국 친구들에게 플랫폼에 대해 물어보는 것을 추천한다. 2018년 쇼트 비디오 이용자 수 Top 7에 등극된 하오칸비디오好看视频는 이용자 수가 2,000만 명 가까이 되는 플랫폼이지만 주변 중국 젊은 친구들에게 물어봤을 때 이 플랫폼을 알고 있는 친구를 한 명도 보지 못했다. 중국은 14억이란 거대한 인구수 덕분에 망하지 않는 애플리케이션들은 웬만하면 수십만, 수백만 이상의 이용자가 생긴다. 그래서 꼭 실제로 중국 내에서 영향력이 큰 플랫폼인지는 주변 중국인들에게 물어서 확인하는 것이 좋다.

5

쇼트 비디오의 선두주자
틱톡(TikTok)과 콰이(快手)

　우리는 전 세계 쇼트 비디오의 선두주자인 중국의 틱톡_{TikTok}과 그리고 틱톡의 영원한 경쟁사인 콰이_{快手}의 베이징 본사를 방문하여 각 기업들이 추구하는 가치, 앞으로의 방향성 등을 물었다.

1. 틱톡 기업 방문

　　　　　　5장. 세계시장을 이끄는 중국의 쇼트비디오 플랫폼 비교분석

틱톡의 기능

- [Tools for creating] 영상 제작 툴이 한 번에 제공된다.
- [#Challenge 프로그램] 이 프로그램으로 사회적 가치, 기업 홍보, 글로벌 트렌드에 맞춰서 이용자 참여를 유도한다.
- [Keeping it safe] 쇼트 비디오 플랫폼 특성상 사람들이 쉽게 영상을 올리게 되는데, 많은 사람이 영상을 올리고 공유하는 상황에서 폭력적, 자극적 영상들이 올라올 수 있기 때문에 그런 것들에 대해 엄격히 관리하고 있다. 관리 담당자가 전체 직원의 1/3 이상이다.
- [Safety Center] 중국 정부와 전 세계 각국의 정부들과 연결되어 있어서, 글로벌 진출에 있어서도 다른 국가들의 미디어법 등을 준수하고 있다.
- [Digital Wellbeing]

Q & A

Q 1. 음반에 대한 구매는 이루어져 있고, 저작권을 보호해 주는가?

A 1. 국가마다 음반 관리 기업들, 기관들과 계약을 맺고 있고, 글로벌 시장 진출을 준비하면서 음원 저작권법과 관련해서 각 국가의 법을 개별적으로 맞춰 따르려고 노력 중이다.

Q 2. 어떻게 수익을 창출하는가?

A 2. 틱톡은 특히 #Challenge 해시태그 챌린지 기능을 통해 가장 많은 수익을 창출하고 있다. 이전에 우버 Uber 와 진행했던 'Uber challenge' 같은, 기업과 이용자들을 연결해 주는 챌린지를 진행하고 있고, 이를 통해 자연스러운 기업 홍보 효과를 낼 수 있기 때문에 기업으로부터 받는 광고 계약 비용이 가장 큰 영역을 차지한다. 그리고 틱톡 플랫폼은 'Do act' - 'Re-act'로 연결되어 있어서 한 사람이 올린 영상에 대해 반응을 함께 올리도록 하는 기능을 통해 더 많은 이용자를 끌어들이려고 노력하고 있다. 크리에이터들과도 밀접하게 연결되어 있어 에이전시를 통해 간접적으로 관리하고 있고, 크리에이터 홍보 효과와 같이 에이전시들로부터 계약금을 받기도 한다. 틱톡은 왕홍과 같은 크리에이터 양성과 그들의 활동을 적극적으로 지원하고 장려하고 있다. 마케팅 소셜커머스 도 이어 주고 있는 상황이다.

Q 3. 틱톡은 어떤 알고리즘을 가지고 있는가?

A 3. 과거 서양 미디어 플랫폼 'Vine'과 비슷한 플랫폼이라고도 할 수 있지만 Vine은 얼마 안 돼 시장에서 철수했다. 틱톡은 인스타그램, 유튜브를 그들의 글로벌 경쟁사로 인정하면서 그 영향력과 규모를 키워나가고 있는 중이다. 틱톡이 세계 시장에서 망하지 않았던 이유는 그 둘의 알고리즘이 완전히 다르기 때문이다. Vine이나 인스타그램은 이용자가 팔로우하고 있는 대상들이 올린 사진과 영상을 주로 볼 수 있다. 하지만 틱톡은 이용자가 팔로우하는 사람

의 계정을 우선적으로 제공하기보다는 이용자가 선호하는 영상을 제공하고 이와 비슷한 영상을 끊임없이 제공하며 추천함으로써 새로운 관계 형성이 이루어지도록 노력한다. 최근 들어 유튜브를 가장 큰 경쟁사로 인식하고 있으며 소비자들도 역시 그렇게 느끼고 있다.

Q 4. 그렇다면, 유튜브처럼 영상 내에도 광고를 넣을 계획이 있는가?

A 4. 영상 내에 광고는 소비자들이 자발적으로 넣게 할 것이다. 이미 영상 속 제품 광고는 상당히 많이 이루어지고 있다. 그것을 제재할 방법도 없으며, 오히려 그런 영상을 선호하는 사람이 많기 때문에 틱톡을 통한 광고 진행을 장려하고 있는 중이다.

Q 5. 어느 나라에 진출하고 있으며, 총 직원은 대략 몇 명인가?

A 5. 미국, 유럽, 일본, 인도, 한국이 큰 시장을 차지하고 있으며, 이제는 아프리카의 케냐, 나이지리아 등까지도 진출해 있다.

전 세계에 약 4만 명이 넘는 직원들이 있다. 그리고 직원들이 점점 늘어나는 상황이라 당장 쉽게 말할 수 없는 상황이다.

Q 6. International vision은? 글로벌 비전은 무엇인가?

A 6. 현지화에 최대한 집중하려고 한다. 국가마다 이용 행태가 정말 다르다. 국가마다 관련 법률도 다르다. 그래서 현지 전문가들을 채용하고 있고, 각 입법 기관, 정부와 긴밀하게 연락하고 적극적으

로 관계를 형성하고 있다.

Q 7. 비즈니스 영역을 확대할 계획이 있는지? 게임이나 교육 분야 까지.

A 7. 회사 내부에서 얘기는 나오지만 현실적으로 어렵다.

내부적으로 그런 논의는 상당히 많이 나왔지만 현실로 실행하기까지 상당한 어려움이 있다. 그래서 아직은 어떤 계획을 말할 수 없는 상황이다. 실제로 롤^{리그 오브 레전드} 같은 경우는 우리가 게임 생방송 등을 진행하려고 했는데, 텐센트가 롤을 사게 되면서 우리를 경쟁자로 인식하고 있기 때문에^{텐센트가 틱톡의 경쟁사인 콰이쇼우에 투자하고 있음.} 아예 롤을 다루지 못하게 제재를 걸어 놓아서 현실적으로 불가능하다. 하지만 어떻게 확장해 나가느냐에 따라 새로운 기회를 모색할 예정이다. 아직까지 틱톡은 신생 기업이고 계속 성장해 나가는 중이다.

Q 8. 왜 중국에서는 국외판 틱톡 플랫폼에 접속할 수 없는가? 그리고 왜 외국에서는 중국판 틱톡 플랫폼에 들어갈 수 없는가? 중국판과 국제판을 따로 만든 이유는 무엇인가?

A 8. 중국은 다른 국가들보다 관련 법에 있어서 엄격하다. 이런 것에 있어서 피해를 막으려고 플랫폼을 국제판과 중국판을 따로 나누었고, 또한 국제판과 중국판은 완전히 다르게 일하고 있어서 서로 사실상 관련 분야가 거의 없다.

2. 콰이쇼우 기업 방문

콰이쇼우의 발전 과정

- 2011. 3. GIF 형식을 업로드 및 공유하는 목적으로 시작.

- 2013. 7. GIF 포맷에서 쇼트 비디오 포맷으로 앱 특성을 업그레이드.

- 2014. 11. GIF를 없애고, 'Kuaishou'로 브랜드를 새롭게 변경.

- 2015. 11. Daily Active Users, 하루 평균 적극 이용자 수가 1,000만 명을 넘으며 중국에서 가장 큰 모바일 일상 공유 플랫폼으로 성장.

- 2016. 4. 총 이용자 수가 3억 명을 초과하며, 중국 내 전국적인 커뮤니티로 성장.

- 2017. 11. 등록 이용자 수가 7억 명을 넘고, 하루 평균 적극 이용
  자수가 1억 명 이상.
- 2018 이후부터 현재까지 하루 적극 이용자 수가 1억 6,000만 명
  이상.

중국 내 전국적 커뮤니티로 확장

- 트래픽 – 1억 6,000만 명의 일일 열혈 이용자 수를 보유, 15억 건의
  비디오 콘텐츠 재생.

- 콘텐츠– 하루 동안 이용자가 만든 콘텐츠 1,000만 건, 지금까지
  총 오리지널 비디오 보관 건수 80억 건, 한 달에 4개 이상의 콘텐츠
  를 올리는 이용자 비율은 전체의 47%.

- 이용자의 이용 지속성– 전체 이용자들이 콰이쇼우를 이용해 온
  시간의 총합은 약 1만 년, 하루 평균 '좋아요' 개수 35만 개.

- 콰이쇼우만의 특징– 인스타그램이나 틱톡은 인플루언서나 왕홍
  위주의 콘텐츠 추천 시스템을 가지고 있다. 하지만 콰이쇼우의 이
  용은 일반인들의 콘텐츠도 주목 받기 쉬운 추천 시스템을 가지고
  있어서 커뮤니티로서의 특성이 크다.

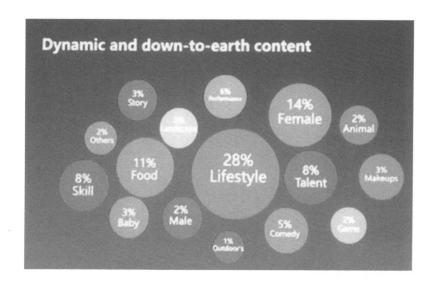

콰이쇼우의 콘텐츠 구성

- 일상 공유물: 28%

- 여성 왕홍 게시물: 14%

- 음식 게시물: 11%

- 재능 과시: 8%

- 기술 과시: 8%

- 퍼포먼스: 6%

- 코미디: 5%

  그 외 메이크업, 게임, 이야기, 풍경 등

　농부가 비행기를 만드는 영상, 70대 중국 남성이 에베레스트 산에 오르는 영상, 62세의 보디빌더 할아버지의 영상, 내몽골 지역에서 여자 소녀가 늑대를 기르는 영상 등 중국 곳곳에 있는 다양한 일반인들의 삶에 콰이쇼우는 주목한다. 오랫동안 중국과 세계 많은 국가에서 사람들의 포커스는 사회 구성원들 중 상위 5%에게 집중하고 있었고, 나머지 95%의 보통 사람들의 삶은 무시되어 왔었다.

- **Su Hua,** 콰이쇼우 설립자 CEO ：

"관심은 인터넷 세대에 기본적인 통화currency 이다. 우리의 소망은 마치 햇살처럼 아주 적은 일부 사람들의 이야기가 아닌 모든 사람들의 이야기에 빛을 비추는 것이다."

- **Cheng Yixiao,** 콰이쇼우 공동 설립자 :

콰이쇼우는 가교 역할을 한다. 우리는 유명인이나 슈퍼스타를 세계와 연결시키려는 것이 아니다. 대신에 우리는 그동안 주목받지 못해 왔던 95%의 보통 사람들에게 동등한 목소리를 낼 수 있도록 해주려고 한다."

콰이쇼우 핵심 가치

· Inclusiveness: 콰이쇼우가 성장하고 있는 가장 큰 가치이다. 콰이쇼우는 중국 전역에서 누구에게나 접근 가능한 플랫폼이다. 계층이 나뉜 알고리즘이 아닌 모두에게 접근 가능한 알고리즘을 사용하고 있다.

· Equality: 트래픽에 있어서 불평등한 확산을 방지하고, 커뮤니티의 특성을 지키기 위해 노력한다. 메인 인플루언서, 왕홍들의 트래픽은 30%고, 일반인들의 부분이 70%이다.

▶ 중국 미디어 플랫폼의 사회적 가치 실현을 실행 중인 '콰이쇼우 프로젝트'는 사람들의 삶을 더 좋게 변화시킨다.

1. Kuaishou incubator to fight poverty 경제적 어려움을 극복할 수 있도록 지원

콰이쇼우는 2018년 말부터 인큐베이터 프로젝트를 도입해, 시골 지역의 가능성 있는 크리에이터 100여 명을 선발했다. 그리고 그들에게 교육적 지원과 지역정부와 일하는 방법 등을 포함해 산업적 트레이닝을 통해 콰이쇼우 안에서 그들의 비즈니스를 성장시킬 수 있도록 돕고, 그들의 동료들도 영향을 받을 수 있도록 도왔다.

2. 지역정부와 협력하는 중국 지역 성장 프로젝트

중국 서남쪽에 위치한 운남성에 있는 용성 지역정부와 협력해서 지역 작물인 석류 씨앗을 파는 것을 도왔다. 이 프로젝트는 중국 돈으로 500만 위안한화 약 8억 5,000만 원의 가치가 되는 효과를 불러 왔다.

AI와 콰이쇼우

이용자들에 대한 더 깊은 인사이트를 가질 수 있도록 지속적으로 개발하고 있다.

- 이용자들에게 편리한 비디오 제작촬영, 편집, 음악, 효과 등
- 안전성과 위법 행위를 규제하기 위한 비디오 이해와 판독 기능

- 이용자들에 대한 이해와 분석
- 비디오 확산 알고리즘

이렇게 네 가지 분야에서 크게 적용되고 있다. 빅데이터와 인공지능 AI 기술을 통해, 콰이쇼우는 플랫폼이 더욱 다양하고 전 지구적인 커뮤니티를 형성하는 수단으로 사용되기를 바라고 있다. 현재 러시아, 인도, 브라질, 터키, 한국, 베트남, 인도네시아 등의 지역으로 시장이 확장되고 있다.

Q&A

Q 1. 우리에게 콰이쇼우가 어떤 역할을 해줄 수 있는가?

A 2. 중국의 이전까지는 못 보던 솔직한 모습들을 볼 수 있는 창으로써 역할을 한다. 중국의 독특한 쇼트 비디오 앱 연구 케이스로 역할을 할 수 있다. 우리의 일상을 공유하는 창이 되어 준다.

Q 2. 콰이쇼우 플랫폼에서 60만 명 이상이 경제적 수익을 내고 있다고 들었는데, 수입에 대한 세금 문제는 어떻게 해결하고 있나?

A 2. 대부분의 유저들이 직접적으로 세금을 내지 않도록 회사 측에서 원천징수를 하고 있다. 매달 500만 위안 한화 8억5,000만 원 이상을 버는 톱 왕홍들 같은 경우는 이런 세금 문제에 직접적으로 직면을 하기도 한다. 그래서 우리가 인큐베이터 프로그램을 진행하는 이유

이기도 하다. 이런 세금 문제에 있어서 그들에게 직접적으로 어떻게 정부 규제에 따라야 하는지 설명해 주기 위한 목적도 있다.

Q 3. 도용 문제나 콘텐츠에 대해선 어떻게 관리를 하고 있는가?

A 3. 일차적으로 AI가 콘텐츠 중복과 도용을 확인하고 콘텐츠 관리팀이 그것들을 2차적으로 확인한다. 우리는 콘텐츠 관리하는 직원이 전체 직원의 반 이상을 차지하고 있을 정도로 콘텐츠 관리를 엄격하게 하고 있다.

이렇게 두 기업은 서로가 서로에게 쇼트 비디오 플랫폼 경쟁사이지만 꽤 다른 모습, 다른 방향성을 추구하고 있다. 서로를 경쟁사로 인식하지만 그렇다고 상대 플랫폼을 밴치마킹하면서 자신들의 부족한 부분을 채우려고 하지 않는다. 다른 가치관을 가지고 있는 회사들이기에 쇼트 비디오 시장에서 두 기업은 경쟁과 동시에 공존할 수 있는 것이다.

6

중국의 대표 쇼트 비디오 플랫폼

순위	App 이름	월 사용자 (만 명)
1	콰이쇼우 (快手)	23,441
2	도우인 (抖音)	18,215
3	훠산샤오비디오 (火山小视频)	12,027
4	시과비디오 (西瓜视频)	10,827
5	보보비디오 (波波视频)	3,706
6	콰이비디오 (快视频)	3,240
7	하오칸비디오 (好看视频)	1,980
8	투도우비디오 (土豆视频)	1,878
9	메이파이 (美拍)	1,864
10	아아치이나또우 (爱奇艺纳逗)	901

▶ 2018년 쇼트 비디오 App 이용자 수 상위 10개의 플랫폼 (출처-iresearch)

위의 표는 2018년도 기준 쇼트 비디오 App 이용자 수 Top 10인 플랫폼을 조사한 것이다. 하지만 쇼트 비디오를 애용하는 중국 젊은 친구들에게 물어보았을 때 Top 10 안에 들어 있지만 처음 보는 플랫폼이라고 대답한 것들도 많았다. 이유는 Top 4 플랫폼의 이용자 수가 전체 이용자 수의 80%를 가지고 있기 때문이다. 그래서 아래에는 쇼트 비디오 이용자 수 Top 10이 아닌 중국에서 현재 가장 많이 사용되고 있는 플랫폼 중 왕홍의 영향력이 직접적으로 소비까지 연결시킬 수 있는 플랫폼들 위주로 정리하였고, 각 플랫폼마다 20대 중국인들이 느끼고 있는 각 플랫폼의 이미지도 더하였다.

1. 콰이쇼우(快手)

중국에서 가장 많은 이용자를 보유한 플랫폼으로 '텐센트'라는 든든한 기업이 투자하였다. 1선 도시의 이용자 수는 도우인抖音에게는 밀렸지만 2선, 3선 도시의 이용자는 콰이쇼우가 압도적이다. 10초부터 1분 이내의 영상을 올릴 수 있고, 2019년부터는 1분 이상의 영상도 업로드가 가능해져 더 많은 콘텐츠가 생기고 있다. 라이브 방송 기능이 잘되어 있고 특히 라이브 방송 중 다른 라이브 방송을 진행하는 사람과 'PK' 시스템이 있어 이 'PK'를 통해 더 많은 이용자와 연결될 수 있다. 소셜 커머스는 타오바오와 연결되어 있기 때문에 플랫폼에서 커머스를 진행하고자 한다면 타오바오 계정을 먼저 만들어야 한다. 그다음 콰이쇼우 플랫폼을 통해서 콘텐츠 영상 속 혹은 라이브 방송 안에 판매로 이어지는 기능버튼을 추가할 수 있다.

콰이쇼우에 대한 이미지 (베이지 거주 20대 설문조사)
· 유머러스한 영상이 많다.
· 플랫폼에 올라오는 콘텐츠의 분위기가 밝다.
· 연예인들도 많이 보인다.
· 틱톡에 비해서 광고가 많이 보이지 않는다
· 농촌에서 생활하는 사람들의 모습이 있어서 흥미롭다

2. 도우인(抖音)

중국 이용자 수는 콰이쇼우에 밀렸지만 전 세계 쇼트 비디오 이용자 수 1위인 사실상 세계의 쇼트 비디오 시장을 이끌어가고 있는 플랫폼이다. 도우인을 뒤받치고 있는 기업으로는 중국의 거대 기업인 알리바바가 있다.

콘텐츠 업로드 외에 라이브 방송 기능도 있지만 콰이쇼우처럼 다른 라이브 방송과 연결되는 'PK' 기능은 없다. 10대, 20대 이용자가 많기 때문에 가장 많은 왕홍을 배출해 내고 있는 플랫폼이다. 소셜 커머스 방법으로는 플랫폼 내에 단독적인 마켓이 있어서 플랫폼만을 활용하여 커머스를 진행할 수 있고 타오바오 마켓 또한 연결되어 있다.

도우인 이미지 (베이징 거주 20대 설문조사)

- 잘생기고 예쁜 사람이 엄청 많다.
- 주로 보기만 하지만 친구들과 만나면 한 번씩 영상을 찍어서 올린다.
- 트랜드에 민감해서 틱톡을 꼭 봐야 한다.
- 다양한 제품 리뷰, 제품 광고들이 많다. 하지만 별로 상관없다.
- 재미있는 영상을 보던 중 리뷰하는 영상이 나오면 불편하기 보다는 제품을 사고 싶어진다.

3. 훠샨샤오비디오(火山小视频)

'훠샨샤오비디오 火山小视频'역시 도우인 抖音과 함께 진르토우티아
오 今日头条 계열에서 만든 플랫폼이다. 서비스를 시작한 지 2년 만에 1
억 명의 이용자를 가입시킨 중국에서 핫한 쇼트 비디오 플랫폼이지
만 콰이쇼우와 도우인을 넘어서기 위해서는 젊은 층의 인지도가 더
필요하다.

훠샨샤오비디오 이미지 (베이징 거주 20대 설문조사)

• 농촌을 소재로 한 콘텐츠가 많다.
• 그래도 플랫폼 안에 예쁘고 잘생긴 사람이 많은데 그들 역시
  농촌에서 농사를 하고 있다.
• 게임 방송을 볼 때 자주 이용한다.
• 영상 10개 중 3개 정도는 게임 영상일 정도로 게임 콘텐츠가 많다.

4. 시과비디오(西瓜视频)

시과비디오啶威视频도 진르토우티아오今日头条계열에서 만들었고 기존 쇼트 비디오보다는 기존 미디어 플랫폼의 형태를 띠고 있다. 이용자들에게 영상을 추천하며 제공해 주기보다는 이용자들이 분류되어 있는 항목들을 선택해서 본인이 원하는 영상을 찾는 형식이다.

시과비디오 이미지 (베이징 거주 20대 설문조사)

· 영상들의 분류가 명확히 되어 있다.
· 무작위로 영상이 추천되지 않아서 내가 원하는 종류의 콘텐츠를 찾기 편하다.
· 아이, 육아 관련 콘텐츠도 많아서 아이를 키우는 부모들이 많이 이용한다.

5. 메이파이(美拍)

메이파이美拍는 2014년 중국 메이투美图 기업에서 개발한 쇼트 비디오 플랫폼으로 콰이와 틱톡이 쇼트 비디오 시장을 독점하기전에는 메이파이美拍가 젊은이들에가 가장 인기였다. "10초로 영화 제작이 충분하다!"라는 슬로건으로 쇼트 비디오 시장에 등장하였다. 현재 이용자 수는 조금 줄었지만 여전히 영향력 있는 쇼트 비디오 플랫폼이다.

메이파이 이미지 (베이징 거주 20대 설문조사)

· 알고 있지만 사용하지 않고 있다.
· 다른 플랫폼의 영상 편집본이 다시 올라오는 경우가 많다.

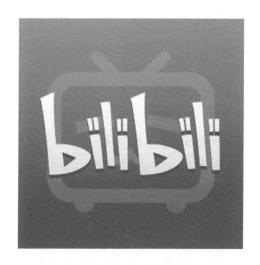

6. 삐리삐리(哔哩哔哩)

삐리삐리哔哩哔哩는 처음 애니메이션을 전문적으로 다뤘던 플랫폼이다. 이용자들이 점점 증가하면서 전반적인 미디어 플랫폼의 모습으로 바뀌었고, 미국의 유튜브와 비슷한 서비스 시스템을 가지고 있다. 쇼트 비디오 플랫폼은 아니지만 중국의 젊은 층 이용객이 아주 많은 플랫폼이고 라이브 방송 기능도 있다. 유명 한국인 왕훙 한귀둥둥韩国东东이 활동하는 플랫폼이기 때문에 제2의 한귀둥둥을 꿈꾸는 한국인 크리에이터들이 많이 있는 플랫폼이다.

삐리삐리 이미지 (베이징 거주 20대 설문조사)

• 애니메이션을 좋아해서 이곳을 통해 일본 애니메이션을 시청한다.

- 최근에는 앱이 가지고 있던 애니메이션 전문 플랫폼의 특색이 사라져서 다양한 종류의 콘텐츠가 올라오고 있는 매일 사용하는 플랫폼이다.
- 주변 친구들 모두 '삐리삐리 BiliBili'를 이용한다.
- 한국 관련된 콘텐츠도 많이 보았다.

7. 뷰브이로그(VUE vlog)

뷰브이로그 VUE vlog 는 여행 영상 전문 플랫폼이다. 젊은 층에게 상당히 인기가 있는 플랫폼이며, 이름에서 나타나 있는 것처럼 브이로그 형태의 영상 제작을 할 수 있게 되어 있다. 다양한 기능들이 포함되어 있어 쉽게 영상 제작이 가능하고 커뮤니티 기능이 잘 되어 있어 여행을 통한, 여행에 관련한 다른 이용자들과의 네트워크 형성이 용이하다.

뷰브이로그 이미지 (베이징 거주 20대 설문조사)

· 직접 사용해 본 적은 없지만 주변 친구들이 많이 사용한다.

· 브이로그 촬영할 때 주로 사용한다.

· 조작 방법이 편해서 이용한다.

· 여행 가기 전에 이 플랫폼에서 목적지를 검색하고 영상을 참고
한다.

8. 이즈보 (一直播)

이즈보一直播는 라이브 방송 전문 플랫폼이다. 라이브 방송 플랫폼
중 독보적 1위를 유지하고 있다. 쇼트 비디오 형식은 아니지만 중국
의 왕홍들의 대표 활동 SNS인 웨이보微博가 인수하였기 때문에 꼭
기억해야 할 플랫폼이다. 웨이보에서 활동 중인 왕홍들은 이즈보一
直播를 통해서 라이브 방송과 커머스를 진행한다.

이즈보 이미지 (베이징 거주 20대 설문조사)

- 매일은 아니지만 자주 사용하는 앱이다.
- 웨이보 때문에 플랫폼 퀄리티가 높다는 느낌이 있다.
- 라이브 방송만 진행되어서 아쉽다. 그래서 팔로우하는 사람의 틱톡 계정을 찾아서 팔로우한다.

  이렇게 각 플랫폼들마다 분위기가 크게 다르다. 그래서 본인에게 맞는 플랫폼을 선택할 때 추천하는 방법으로는 중국인들에게 앱에 대한 느낌을 물어보고, 또 유명한 플랫폼은 직접 핸드폰에 다운받아 직접 사용해 보면 보다 정확히 앱들의 분위기를 알 수 있을 것이다.

7
쇼트 비디오 시장의 숨은 조력자들

현재 중국 내에는 120개가 넘는 쇼트 비디오 플랫폼이 존재하고 있고, 이 중 성공한 대부분의 쇼트 비디오 플랫폼들은 그 뒤에 숨은 조력자들이 있다. 진르토우티아오今日头条 계열의 도우인抖音, 텐센트腾讯 계열의 콰이쇼우快手, 메이투美图 계열의 메이파이美拍 등이 있는데 쇼트 비디오 계열 중 가장 영향력 있는 계열은 역시 진르토우티아오와 텐센트이다. 진르토우티아오 계열의 위로 올라가 보면 알리바바그룹이 있다. 그렇기에 이들은 지명도와 사용자 수에서 다른 플랫폼들보다 한 수 위에 있다. 현재 진르토우티아오 계열의 플랫폼들인 도우인, 훠샨비디오, 시과비디오 이 세 개의 플랫폼의 월 이용자는 4억 명이 넘는다.

텐센트 계열은 미디어 시장에 크게 분포되어 있어서 플랫폼의 개수가 많다. 또 거대한 기업인 만큼 신생 플랫폼들의 셀프 인큐베이팅自己孵化을 도울 뿐 아니라, 투자에서도 거침이 없다. 하지만 텐센트계열의 쇼트 비디오 플랫폼들은 월 이용자 수가 2억 명이 넘는 콰이쇼우를 제외하고 모두 억대 이용자 수를 넘지 못하며 아직 큰 성과을 거두지는 못하고 있다. BAT바이두, 알리바바, 텐센트 중 쇼트 비디오 플랫폼 경쟁에서 비교적 잠잠한 건 바이두百度이다. 텐센트와 비슷한 방법으로 3개의 쇼트 비디오 플랫폼을 출시했고, 바이두는 2018년 거액을 투자하여 여러 미디어 기업을 인수했다. 비록 늦게 시작한 감이 있지만, 중국 언론들은 바이두가 중국 최대 포털 사이트로서 가지고 있는 높은 트레픽과 자금력을 보았을 때, 곧 쇼트 비디오 시장에서도 BAT Baidu, Alibaba, Tencent 경쟁 구조를 만들 것으로 예측하고 있다.

마치며

왜 왕훙이 되려고 하는가

우리 팀은 베이징에서 여러 친구들과 함께 중국의 젊은 창업가들을 인터뷰하고 있는 '위니크We support your unique dream'란 팀으로 미디어 프로젝트를 진행하고 있다. 이 프로젝트의 취지는 단순히 젊은 창업가들의 성공 노하우를 알아내는 것보다는 젊은 나이에 도전한 이들의 이야기를 영상으로 만들어서 미디어를 통해 중국 곳곳으로 '꿈'을 전하는 목적를 가지고 있다. 중국은 심한 빈부 격차로 인해 평생 '꿈'이란 것을 생각해 보지도 못하고 살아가는 어린 친구들이 많다.

어린 나이 때 외부적으로 오는 작은 동기부여가 이들의 인생을 바꿀 수도 있지만, 낙후된 지역에 사는 친구들은 동기부여가 될 이야기를 들을 곳이 없다. 그래서 '위니크'는 중국 곳곳에 있을 이러한 친구들에게 꿈을 전하고 있다. 그리고 여기에 우리가 왕훙 프로젝트를 시작한 이유가 있다. 왕훙이 되어 영향력을 가지게 된다면 좀 더 쉽게 우리의 가치를 실현할 수 있을 것이란 확신이 들었다. 그래서 지금은 왕훙 활동으로 생긴 수입의 일부를 가지고 중국의 고아원 친구들을 직접 만나며 봉사활동을 하고 있다. 실제로 팔로워들에게도 이러한 가치를 꾸준히 이야기하고 있다. 왜 영향력 있는 왕훙이 되려고 하는지, 왕훙 활동을 어떻게 사회적 가치로 연결할 것인지에 관하여 말할 때면 팔로워들은 정말 많은 지지를 해주며 '고맙다'라고 한다.

활동을 하다 보면 언젠가는 팔로워가 생기게 된다. 팔로워가 생기는 시간이 빨리 다가올 수도 있고 늦게 다가올 수도 있지만 분명 자신 있는 콘텐츠로 지속성을 가지고 도전한다면 팔로워는 생길 것이다. 그리고 이러한 팔로워가 생기는 것은 영향력이 생기는 것이다. 그리고 영향력이 생긴다는 것은 책임감이 뒷받침해야 한다는 뜻이다. 하지만 오해하면 안 되는 것은 그 책임감은 팔로워 수에 따른 책임감이 아니라는 것이다. 백 명의 팔로워, 만 명의 팔로워, 수백만의 팔로워 수 모두 동일한 책임감을 가져야 한다. 백 명의 팔로워가 생기더라도 이제부터는 나의 콘텐츠가 누군가에게 직접, 간접적으로 영향을 주기 시작하는 것이다. 수익과 함께 찾아오는 이 영향력을 어떻게 사용해야 할지 깊은 고민을 해봐야 한다.

사실 중국은 아직까지 사회적 가치를 중요하게 여기는 기업이 많지 않고, 있다고 하더라도 그 부분이 상당히 적거나 제대로 이루어지지 못하고 있다. 하지만, 콰이쇼우는 기업에 성장에 집중하며 동시에 사회적 책임 또한 지고 있다. 이는 콰이쇼우가 단기간 중국 내에서 큰 성장이 가능했던 이유이기도 하고, 콰이쇼우의 미래를 긍

정적으로 볼 수 있는 근거이기도 하다. 그리고 우리가 다른 플랫폼이 아닌 콰이쇼우를 선택한 가장 큰 이유이기도 하다.

왕홍을 활용하려는 한국 기업들에게

중국의 거대한 시장은 한국을 포함한 다른 외국 기업들의 입장에서 봤을 때 정말 매력적인 시장이다. 14억 인구가 살고 있고 충분한 경제 활동과 소비 활동을 하는 사람들이 점점 많아지고 있는 나라이기 때문이다. 중국 시장 진출을 위해서는 가장 중요한 광고 시장을 빼놓을 수 없다. 앞서 말한 중국의 TV 시대에서 핸드폰 시대로의 전환은 중국의 광고 시장 판도 역시 바꾸었다.

구분	2013년 규모 (증가율)	2014년 규모 (증가율)	2015년 규모 (증가율)	2016년 규모 (증가율)
전체	5,020 (6.9)	5,606 (11.7)	5,978 (6.6)	6,489 (8.5)
TV	1,119 (7.0)	1,173 (4.8)	1,085 (-7.5)	1,050 (-3.2)
옥외	784 (14.1)	1,001 (27.7)	1,120 (11.9)	1,271 (13.5)
온라인	1,100 (42.3)	1,540 (40.0)	2,185 (41.9)	2,902 (32.8)
라디오	140 (2.9)	143 (2.1)	145 (1.4)	148 (2.1)
신문	512 (-8.1)	503 (-1.8)	232 (-53.9)	137 (-40.9)
잡지	78 (-6.0)	77 (-1.3)	41 (-46.8)	29 (-29.3)

▶ 중국 광고 매체별 시장 규모 (출처-中妍咨询集团, 中商产业研究院, iResearch)

중국의 광고 시장 비중을 봤을 때 2014년도 이후로 현재까지 중국의 다양한 광고 매체 중 온라인 광고의 비중이 가장 높은 것을 볼 수 있다. 온라인을 활용한 광고 중 60%가 모바일 광고 시장으로 시장 규모는 1,700억 위안한화 28조 원에 이른다. 반대로 온라인 광고를 제외한 광고 매체들은 전체 매체의 증가율로 비교해 보았을 때 대부분 비중이 감소한 것을 볼 수 있다. 그나마 비율적으로 높은 TV, 옥외 광고를 한다고 생각해 보자. 중국까지 진출하여 광고를 하려는 이유는 14억 중국의 거대한 시장이 매력적이기 때문일 테니 중국의 큰 대륙을 활용할 만큼의 광고를 한다면 광고비가 상상을 초월할 것이다. 하지만 온라인 광고, 그중에서도 왕홍을 통한 광고는 가장 쉽게 중국 전역으로 퍼질 수 있는 가격 대비 훌륭한 광고 방법이다.

최근 들어 많은 한국의 크고 작은 기업들이 왕홍을 활용한 마케팅을 하는 것을 자주 보게 된다. 하지만 기업들이 왕홍을 활용했음에도 불구하고 크게 광고 효과를 누리지 못하는 경우가 많다. 이유는 중국인들의 팔로워 문화, 그리고 왕홍들만의 특색을 잘 파악하지 못해서이다. 무조건 팔로워가 많은 왕홍이 아니라 구매력이 있는 팔로워 층을 많이 가지고 있는 왕홍을 섭외하여야 한다. 왕홍들마다 콘텐츠, 페이지의 특색이 확연히 다르기 때문에 왕홍을 섭외할 때는 다양한 콘텐츠, 그중에서도 재미를 소재로 한 콘텐츠로 인기가 많아져 팔로워가 수백만인 왕홍보다는 특정 분야를 콘텐츠화하여 전문적으로 다루는 왕홍이나 상품에 대한 소개, 물건 판매를 집중적으로 하는 왕홍을 섭외하는 것이 좋다. 이러한 왕홍들 중 홍보하고자 하는 제품의 타깃층과 비슷한 연령대의 팔로워를 많이 가지고 있는 왕홍을 섭외한다면 가격대비 성공적인 홍보 효과를 누릴 수 있을 것이다

왕홍이 되고 싶은 한국 친구들에게

2018년도 왕홍 회사들이 가장 많이 있는 중국 항저우杭州에 방문하였을 때 중국 대표 왕홍 회사의 주주분과 식사를 할 기회가 있었다. 왕홍 회사의 주주는 중국인 왕홍이 너무 많아졌기 때문에 곧 외국인 왕홍만을 전문적으로 양성하는 외국인 왕홍 회사를 만들 것이라고 하면서 주변의 한국 친구들의 추천을 부탁했었다. 이렇게 최근 들어 중국과 한국의 MCN 회사에서 한국인 왕홍을 모집하는 것을 종종 보게 된다. 우선적으로는 중국어를 할 수 있는 중국에서 유학 중인 한국인을 모집하고 있고, 중국어를 못하더라도 한국에서 크리에이터 경험이 있는 사람을 모집하고 있는데 그 이유는 간단하다. 중국에 한국인 왕홍에 대한 사업적 수요가 있기 때문이다.

왕홍의 수가 계속 많아져서 왕홍 시대의 황금기가 지났다고 말하고 있는 지금, 여전히 중국 경제 시장에서는 왕홍을 필요로 하고 있다. 하지만 비슷한 모습의 왕홍들에 중국 소비자들은 피로를 느끼고 있기 때문에 중국은 지금 새로운 왕홍이 필요하다. 중국 미디어 시장에는 신선한 바람을 일으킬 한국인 왕홍이 필요하고, 한국 기업들에도 주춤하는 한중 무역 관계의 돌파구를 찾아줄 한국인 왕홍이 필요하다. 사드의 여파는 가라앉았고 한류 열풍은 중국에 다시

한번 불고 있는 지금 한국과 한국인에 대한 이미지는 중국의 젊은 소비층들에 좋게 자리 잡혀 있다. 그렇기에 지금이야말로 왕홍에 도전하기에 참 좋은 타이밍이다.

판매자(Seller)가 아닌 친구(朋友, 펑요우)가 되자

요즘 우리나라 사람들에게 중국어는 꽤 가깝게 자리 잡고 있다. 중국 관련된 전공을 공부하는 학생들은 현지에서 제대로 중국어를 배우기 위해 중국으로 교환학생을 가고, 이외에도 중국에서 취업을 하고 싶거나 창업을 꿈꾸며 어학 연수를 가는 사람들도 많다. 심지어 중국에 대한 생각이 별로 없는 취업 준비생들도 취업을 위해 중국어 능력 시험인 HSK 시험을 준비하기도 한다. 이렇게 현재 중국어는 조금 더 큰 꿈을 꾸는 사람들에게 필수 요소가 되었다. 우리 사회의 치열한 경쟁 구조 속에서 중국어는 꽤 쓸만한 무기이자 좋은 도구이기 때문이다. 하지만 많은 사람은 중국어를 공부하는 것으로 중국 관련된 공부를 마친다. 중국 시장을 알기 위해, 중국에서 살아남기 위해, 적어도 중국이란 나라를 활용해서 꿈을 펼치기 위해서는 중국에 대한 좀 더 높은 차원의 접근이 이루어져야 한다. 중국어를 넘어서 중국을, 중국을 넘어서 중국인을 이해하여야 한다.

"擁有朋友, 如同擁有一個世界 친구를 얻는 것은 새로운 세계를 얻는 것과 같다." '중국'이란 단어가 내가 사용할 도구라는 이미지를 넘어서 애정이 생기기 시작할 때 중국과 친구가 될 수 있고, 그때 비로소 새로운 큰 세계를 얻을 수 있을 것이다.

중국은 왕홍으로 通한다

초판 1쇄 발행	2019년 8월 29일		
초판 2쇄 발행	2020년 8월 5일		

저자	임예성, 이혜진		
펴낸이	박정태		
편집이사	이명수	출판기획	정하경
편집부	김동서, 위가연		
마케팅	박명준, 김유경	온라인마케팅	박용대
경영지원	최윤숙		

펴낸곳	북스타
출판등록	2006. 9. 8. 제313-2006-000198호
주소	파주시 파주출판문화도시 광인사길 161 광문각 B/D
전화	031-955-8787 팩스 031-955-3730
E-mail	kwangmk7@hanmail.net
홈페이지	www.kwangmoonkag.co.kr

ISBN	979-11-88768-19-6 13320
가격	15,000원